*69*

# HISTOIRE

DU

# LYCÉE DE MARSEILLE

PAR

### Jacques DELMAS

Agrégé de l'Université, professeur honoraire du Lycée
Officier de l'Instruction publique

*AVEC UNE INTRODUCTION*

PAR

### A. GASQUY

Docteur ès Lettres

COLLÈGE ROYAL — ORATORIENS
RÉVOLUTION — LYCÉE
LIVRE D'OR
1571 — 1897

### MARSEILLE
IMPRIMERIE MARSEILLAISE
Rue Sainte, 39
—
**1898**

# HISTOIRE

DU

# LYCÉE DE MARSEILLE

# OUVRAGES DU MÊME AUTEUR

---

*Géographie du département de l'Aude*, 2ᵉ édition, 1 vol. in-12
    avec carte. Marseille, Cayer, 1867.......................... 1 vol.
*Rapports de la Géographie et de l'Histoire de la Provence*,
    1 grand in-8°. Paris, Ch. Delagrave, 1878.................... 1 br.
*Le bassin de l'Huveaune*. Marseille, Barlatier, 1881.............. 1 br.
*Notions générales d'Economie politique*, in-12. Paris, Paul
    Dupont, 1880. ........................................ 1 vol.
*Libres pensées ou Essais de littérature et de morale*. Marseille,
    Moullot fils, 1892....................................... 1 vol.

## SOUS PRESSE :

*La Provence*, études géographiques et excursions............... 1 vol.

---

A la Librairie FLAMMARION, H. AUBERTIN et ROLLE ; et chez LAFFITTE,
boulevard du Musée, 1 ; CARBONELL, Allées de Meilhan, 56, et les
principaux libraires. — Se vend aussi chez l'auteur, rue de l'Abbé-
de-l'Epée, 38.

---

*Ouvrage tiré à 500 exemplaires*

---

L'AUTEUR

# LIVRE D'OR

# HISTOIRE

DU

# LYCÉE DE MARSEILLE

PAR

## Jacques DELMAS

Agrégé de l'Université, professeur honoraire du Lycée
Officier de l'Instruction publique

*AVEC UNE INTRODUCTION*

PAR

## A. GASQUY

Docteur ès Lettres

COLLÈGE ROYAL — ORATORIENS
RÉVOLUTION — LYCÉE
LIVRE D'OR
1571 — 1897

MARSEILLE
IMPRIMERIE MARSEILLAISE
Rue Sainte, 39

—

1898

.

# INTRODUCTION

Mon cher Professeur,

Je viens de lire avec une sincère émotion votre *Histoire du Lycée de Marseille*. Chaque page m'a rappelé quelque souvenir de mon enfance et de ma jeunesse. Je me suis revu tout d'abord à l'Ecole primaire, dans ce local complètement séparé du Grand Lycée, au milieu de beaux arbres qui donnaient l'illusion de la campagne. C'est là que j'ai appris à lire et à écrire sous la direction paternelle de M. Gariel et sous la férule de M. Bolez, qui avait une certaine ressemblance avec le *plagosus Orbilius*, d'Horace. Nous traversions rarement le long corridor de l'ancien cloître, où résonnaient en cadence nos petits pieds, dans un silence absolu, seulement pour aller à la chapelle, ou dans le salon du proviseur, qui nous remettait gravement des prix d'*exemptions*.

Nous défilions militairement, non sans donner un coup d'œil curieux à ces *études*, où nous devions pénétrer plus tard. Les deux grands escaliers attiraient aussi nos regards et nous nous demandions avec malice pourquoi les maçons les reconstruisaient si souvent ; nous critiquions déjà l'administration. Mais ce qui nous charmait le plus, c'étaient les récréations prises autour du bassin, où nos deux camarades princiers et nègres se livraient à de joyeux ébats. C'est le seul baptême que ces sauvages aient compris. Car, malgré l'éducation chrétienne et française qu'ils avaient reçue, si nous étions venus quelques années après leur rendre visite dans leur royaume noir, ils auraient trouvé à leurs anciens amis une saveur délicieuse.

Entre l'internat et l'externat se trouvait un couloir sombre, sur lequel ouvraient deux caves, où nous fîmes notre huitième et notre septième. C'était beaucoup moins gai que l'École primaire. Mais, si le local changeait, l'esprit qui animait nos professeurs restait le même, et notre affection pour eux augmentait avec les années. C'est là que j'eus le plaisir de vous connaître, mon cher Monsieur Delmas.

Enfin, nous étions grands ; nous arrivions dans cette cour des externes, sorte de Sahara, qui prenait pourtant à nos yeux étonnés un aspect de Terre Promise. Les beaux platanes qui l'ombragent aujourd'hui n'existaient pas encore, et c'était sous l'ardeur du soleil, exposés au vent, à la pluie, que nous devions attendre patiemment et en silence l'heure, ou plutôt le roulement du tambour, plus régulier que l'horloge qui défiera toujours l'habileté des descendants de Guillaume Tell. Chaque année nous passions d'une salle dans une autre, nous acheminant tout doucement vers l'extrémité du vaste rectangle où étaient la Rhétorique et la Philosophie. C'est ainsi que j'ai été successivement l'élève de l'aimable M. Leroux, du savant M. Tamisier, au cœur chaud, à la parole entraînante, de M. Dumas qui versa sur nous les pavots de l'ennui, de cet excellent professeur de mathématiques M. Richaud, auquel nous donnions un surnom qui eût scandalisé la pudeur anglaise, de M. Delibes qui sera toujours jeune de dévouement et de talent, de M. Vessiot, que nous enviait Paris ; enfin, du regretté M. Maillet, à la fois philosophe convaincu et orateur délicat. Quant aux censeurs et proviseurs, nous ne les connaissions pas ; nous imitions à leur égard la parfaite indifférence, pour employer une expression polie, de nos professeurs eux-mêmes. Nos sentiments devaient changer avec le temps, et nous avons rencontré plus tard dans ces administrateurs les amis les plus sûrs et les esprits les plus véritablement libéraux de toute l'Université.

Voilà, mon cher maître, le chemin que je viens de refaire avec vous. Je me suis, grâce à vous, retrouvé au milieu de tant de camarades aimés, travaillant chaque jour sans aucune préoccupation de cet examen ridicule qu'on appelle le Baccalauréat, sans souci d'aucun but pratique des études, ne pensant qu'à vaincre dans ces compositions et dans ces concours dont nous parlions presque uniquement entre nous. C'est ainsi que nous avons été prêts pour les différentes carrières que nous avons embrassées sans y avoir, pour ainsi dire, songé. En feuilletant votre volume, en regardant les gravures dont il est orné, je vois que l'un d'entre nous est membre de l'Académie Française, un autre général, un autre colonel; celui-ci avocat général, celui-là ingénieur; trois autres sont dominicains; quelques-uns même sont professeurs: on dirait que ces derniers n'ont pas voulu quitter la vieille maison où s'écoula leur enfance. Mais qui nous eût dit, tandis que nous poursuivions nos études, que G. V., dont les discours latins étonnaient les inspecteurs généraux, serait un poète décadent; que le plus gai d'entre nous prendrait la robe de moine; que J. L. serait directeur d'une de nos plus grandes Banques; que L. E. serait à la tête d'une compagnie de navigation; que G. D. dirigerait une de nos plus célèbres manufactures? Comment dans ce jeune homme, toujours à l'affût d'un bon mot, aurions-nous deviné un paisible magistrat; dans ce musicien original et inspiré, un de nos maîtres du barreau; dans ce taupin à l'esprit indépendant, un grave proviseur?

En lisant cependant les lignes que vous consacrez à chacun d'entre nous, en suivant les étapes parcourues par les compagnons de nos jeunes années, en recueillant nos souvenirs, peut-être nous expliquerons-nous mieux ce que chacun devait être plus tard.

Vous avez donc bien fait d'écrire ce livre, de nous réunir encore une fois tous, professeurs et élèves, dans la vieille maison. Pour moi qui depuis trente-sept ans n'ai presque pas quitté *mon* lycée, je suis heureux que vous ayez redit son histoire d'une façon un peu moins sommaire que ne l'a fait jusqu'ici le Palmarès. Je vous remercie d'avoir fait revivre les années si heureuses dans leur uniformité, si calmes dans leur labeur continu, et de m'avoir permis de saluer au passage ces amis d'une époque déjà lointaine, mais dont les traits ne se sont pas effacés. Je suis sûr que tous nos camarades partagent ces sentiments et seront, comme moi, charmés de donner, même à ceux que les nécessités de la vie ont éloignés d'eux depuis bien longtemps, une pensée et un sourire qui auront encore toute la fraîcheur d'une laborieuse et honnête adolescence.

G.-A. GASQUY.

A la Seigneurette, 20 septembre 1897.

# AVANT-PROPOS

Il y a bien peu de lycées et collèges dont on dût écrire l'histoire particulière ; en réalité, cette entreprise n'a été tentée jusqu'ici que pour trois ou quatre, à notre connaissance (1). Les collèges qui ont le plus de droit aux honneurs de l'histoire ne sont-ils pas ceux où se sont formés un grand nombre de citoyens devenus célèbres ou du moins distingués ? C'est le cas pour notre lycée. Combien de maisons d'éducation, au contraire, qui ne peuvent offrir dans toute la durée de leur existence que certaines célébrités de clocher ou quelques faits médiocres, monotones et dénués de tout intérêt ! Dès lors n'est-il pas séant, en ce qui les concerne, d'« imiter de Conrart le silence prudent » ?

On a composé cette histoire-ci sur des souvenirs *vécus* et des documents puisés aux meilleures sources, aux archives départementales, municipales, du lycée, de la bibliothèque de la Ville ; le tout a été scrupuleusement contrôlé : on n'a pas avancé un seul fait sur lequel on n'ait consulté des pièces officielles ou des témoins oculaires ; et nous sommes heureux de saisir l'occasion de remer-

(1) V. Appendice, note 1.

cier les obligeantes personnes qui nous ont fourni de précieuses indications, ou mieux nous ont aidé à combler de regrettables lacunes : MM. Louis Blancard, Laugier, Mabilly, Barré, Ernest Delibes, Armand Gasquy, Bontoux, l'abbé Gamber, J. Guiraud, Bettini, etc.

On est obligé d'avertir que tout n'a pas été dit sans doute, et l'on n'a pas la prétention d'être complet ; mais on n'a rien omis d'essentiel. Si quelque critique s'avise de signaler dans l'ouvrage des lacunes ou des défauts, loin d'en être surpris ou chagrin, nous lui en serons reconnaissant ; nous n'ignorons point, d'ailleurs, que la perfection est rare dans toute œuvre humaine ; et nous n'avons guère voulu que tracer la route à d'autres plus habiles, et publier un essai ou une simple étude sur notre cher lycée, où nous eûmes l'honneur de professer durant trente-six années : *grande mortalis œvi spatium.*

Nous avons pensé que dans un ouvrage les planches donnent le sens et la vie au texte : le vieux plan du couvent des Bernardines, la médaille de la création du lycée gravée en 1805, des vues du lycée, uniformes lycéens à diverses époques, monument des héros de Tombouctou, 23 portraits d'élèves et anciens professeurs, et même des bienfaiteurs du lycée, formant un total de 28 phototypies, nous ont paru illustrer suffisamment le livre ; le choix et le groupement des portraits n'ont pas été sans difficultés : en insérer davantage eût été, en augmentant forcément le prix du volume, le rendre inabordable au plus grand nombre ; aussi, pour éviter ce danger, a-t-il fallu procéder plutôt par élimination.

Quant aux deux anciens plans du lycée, le premier est extrait du plan de la ville, dressé en 1791 par le lieutenant-colonel de Pierron, publié par le libraire Roulet ; l'autre est pris sur le plan topographique de Marseille par P. Desmarets, levé à 1/1000ᵉ, commencé en 1802, achevé en 1808, publié en 1824, sous les auspices de M. de Villeneuve.

Bien qu'une récente mode place la table des articles en tête du livre, c'est-à-dire après le titre, nous avons mieux aimé, autorisé par l'usage, la rejeter à la fin.

Plusieurs de ces tables indiquent seulement la page où se trouvent les articles, sans rien indiquer de ce qu'ils contiennent : nous avons pensé que ce qui intéresse le lecteur et ce qu'il cherche dans une table, ce n'est pas tant les chiffres, chose insuffisante, mais le plan même de l'ouvrage, presque un résumé analytique et comme un tableau raccourci, de manière que d'un coup d'œil il puisse estimer la valeur de la composition et l'importance des matières traitées. Ne juge-t-on pas le plus souvent de la bonté d'un liquide sur l'étiquette de la bouteille? Nous pensons enfin qu'on nous saura gré d'avoir pris pour nous toute la peine pour épargner celle du lecteur.

Jacques DELMAS.

Marseille, 29 Septembre 1897.

# HISTOIRE DU LYCÉE

## I

## LE LOCAL

ÉTAT ACTUEL. — L'ANCIEN COUVENT. — TRANSFORMATIONS OU MÉTAMOR-
PHOSES. — PROJETS DE CONSTRUCTIONS ET D'AGRANDISSEMENT. — PETIT
LYCÉE DE LA BELLE-DE-MAI.

### GRAND LYCÉE

Le lycée de Marseille, situé au centre de la ville, entre la place du
Lycée, le boulevard du Musée et l'école des Beaux-Arts, est un vaste et
beau bâtiment dont l'affectation comme lycée remonte à près d'un
siècle.

L'ouverture du lycée, créé par le décret en date du 24 vendémiaire
an XI, devait avoir lieu le 1er nivôse an XI (22 décembre 1802); il fut
établi dans une partie de l'ancien couvent des Bernardines.

Les Bernardines, qui avaient déjà, depuis le 1er décembre 1639, un
couvent sur le quai de Rive-Neuve, avaient fait édifier, en 1746, cet
autre couvent hors la porte de Noailles. Consacrant à la construction
de cet édifice le fruit de leurs économies et la dot que chacune d'elles
avait reçue de sa famille, elles dépensèrent, dit-on, 800,000 livres (1)
et se transportèrent le 20 août 1751 dans leur nouvelle maison.

Le couvent et l'église furent construits sur les plans de Dreveton,
architecte marseillais. Un grand autel à baldaquin (2) et ses ornements
en bronze doré fixaient l'attention des connaisseurs par l'élégance du

(1) De Villeneuve, *Statistique du département des Bouches-du-Rhône*, t. III.
(2) Vers 1801, ce grand autel, remarquable par sa beauté et sa richesse, devint
celui de l'église des Prêcheurs.

dessin : ils étaient l'ouvrage de Fortis, habile ciseleur de Marseille. On remarquait aussi les beautés de la chaire.

Les Bernardines n'eurent que pendant quarante années la jouissance de leur magnifique asile. Elles n'étaient qu'au nombre de quarante quand la Révolution vint les déposséder (1).

Cette ancienne maison religieuse, composée d'un corps de logis qui avait 147 mètres de longueur, dont un couloir voûté long de 120 mètres, et d'une aile de bâtiment qui en mesurait 57 (2), fut, pendant les dernières années du XVIII° siècle, le siège de l'administration départementale, et bien des vieux Marseillais désignent encore sous le nom de *département* la partie de l'édifice et de ses dépendances qui s'étend du Musée à la rue de la Bibliothèque. Pendant quelque temps même, les bâtiments furent en partie convertis en ateliers nationaux. De 1800 à 1869, ces bâtiments irréguliers et disparates ont renfermé le Musée, la Bibliothèque de la ville (contenant déjà, en 1807, environ 60,000 volumes, maintenant plus de 92,000), l'Académie des sciences, belles-lettres et arts, le cabinet d'histoire naturelle, une école de dessin, une Société de médecine, fondée en 1800, etc. Le Jardin des Plantes, qui en 1804 était dans l'enclos des Bernardines, fut transféré, en 1805, près de l'église des Chartreux.


## MÉTAMORPHOSES


Pendant quarante-cinq ans le lycée resta à peu près immuable ; mais dans la deuxième moitié du siècle il a subi des transformations successives et sérieuses ; le vénérable bâtiment a été bouleversé ; chaque proviseur, à son passage, a voulu mettre son empreinte ; c'est au point que, lorsqu'un illustre homme d'État, M. Thiers, en 1876, un an avant sa mort, vint visiter son vieux lycée, il eut de la peine à le reconnaître, tant il le trouvait agrandi, rajeuni, embelli : *Quantum mutatus ab illo!*

L'ancien local des Bernardines, d'une superficie de près de trois hectares, bien diminuée depuis, formait en 1800 un vaste quadrilatère

(1) *Tableau historique de Marseille et de ses dépendances*, Lausanne, 1789, p. 117.

(2) Augustin Fabre, *Les Rues de Marseille*, t. IV ; E. Camoin, 1868.

irrégulier, d'un terrain inégal, terminé au midi, vers la petite et tortueuse traverse des Bernardines, par un vaste talus de verdure, et jardins vers la rue Sénac, qui n'avait pas alors la moitié de sa longueur actuelle : ces jardins ou vergers se continuaient au levant jusqu'à la rue de Curiol, très voisins de la rue des Petits-Pères (rue Thiers) et de la plaine de Saint-Michel, alors rocailleuse, sauvage et déserte. Au nord, la petite place du Lycée, triangulaire, existait à peine et ne fut agrandie et régularisée qu'en 1820 ; la rue du Lycée, irrégulière, n'avait qu'une maison à l'angle des Lisses de Noailles (boulevard du Musée depuis 1807), à quelques pas de la porte de Noailles.

Pour créer un musée, on appropria l'église (1) de l'ancien couvent : le préfet C. Delacroix avait déjà rassemblé des objets précieux pour le Musée, et devant le lycée, au bout de la rue Neuve, une colonne de granit porta le buste d'Homère ; par les soins du préfet Thibaudeau, l'ouverture du musée fut faite, le 9 septembre 1804, sous la direction du peintre Goubaud, professeur de dessin au lycée. La chapelle du lycée fut longtemps (1802-1864) au premier étage, place du Lycée, dans la grande salle qui sert actuellement de classe de dessin : c'est là que fut baptisé et communia, en juin 1864, le prince Roussou-Guezo, Félix, frère du roi de Dahomey ; la sacristie de la chapelle a servi à agrandir la bibliothèque générale des professeurs ; dans les bas-côtés a été établie la bibliothèque classique.

En 1827, l'abbé Bonnafoux, proviseur, proposait à la Mairie de faire bâtir lui-même, sur l'alignement du boulevard du Musée, une salle pour le musée des tableaux : la salle appartiendrait au lycée, mais l'usage en serait laissé à la Ville pendant vingt ans ; toutefois l'affaire n'eut pas de suite (2).

Alors le haut de la rue Sénac, étroit et inhabité, n'avait d'autre issue qu'une détestable traverse dite des Bernardines, qui commençait à la rue des Trois-Mages et finissait à la plaine Saint-Michel. Cette traverse étroite, sinueuse et sans nivellement, véritable dépôt d'ordures, impraticable en plein jour, devenait la nuit un vrai coupe-gorge... En 1829, on en demanda l'alignement ; enfin, après sept ans de réclamations incessantes, la délibération du Conseil municipal du 20 novembre 1834 fut sanctionnée par une ordonnance royale du

(1) V. Appendice, note 2.
(2) Archives municipales.

16 avril 1836 ; et la traverse ou rue des Bernardines, élargie à dix mètres, prit bientôt le nom beaucoup plus ronflant de rue Napoléon (1836-1870), c'est depuis 1870 la rue de la Bibliothèque.

Sur le plan-relief de Marseille au 1/5000ᵉ par Ducros (1821), exposé au Musée archéologique (Château Borély), on voit que la cour des internes, unique et non divisée en trois, était ombragée du côté opposé aux constructions par une double rangée de platanes, plantés à la place même où règne maintenant le préau couvert ; par quelques marches à droite l'on montait à une sorte de terre-plein, d'où par une petite porte on parvenait au talus, où croissaient à l'abandon quelques rares et malingres arbustes ; c'est sur la première terrasse que furent élevées vingt-quatre ans plus tard (1845-46) les vastes classes de la cour des externes, précédées d'une longue galerie couverte.

Jusqu'alors les mêmes salles avaient servi de classes et d'études en dépit de toutes les règles de l'hygiène : l'on eut désormais (1847) des classes plus nombreuses, aérées et commodes ; c'est alors que s'ouvrit la porte des externes, en face de la rue Neuve. Au commencement de 1859 le lycée, en pleine possession de la confiance publique, comptait 293 pensionnaires : en y joignant les demi-pensionnaires et les deux catégories d'externes, on atteignait le chiffre total de 846 élèves. Il fallut l'agrandir. Le Conseil municipal délibéra, le 7 mars 1856, de céder à l'Université, dans un délai de cinq ans, les locaux occupés par le musée, la bibliothèque, etc. ; et l'Université cédait à la Ville les terrains s'élevant en talus jusqu'à la rue Napoléon.

Sous le proviseur Grenier (1873), les classes de la cour des externes, devenues insuffisantes, furent surmontées d'un étage avec balcon à balustrade régnant sur trois côtés de la spacieuse cour (1); une vieille masure isolée donnant sur le boulevard, où se donnaient les leçons de modelage, disparut (1874) ; peu d'années après (1883), fut créée la cinquième cour à l'usage de l'école primaire ; en 1893, le proviseur Morlet faisait ouvrir pour cette cour une porte sur le boulevard du Musée.

Sous le même provisorat Grenier, la Ville décida, en séance du 15 janvier 1869, de faire exécuter des travaux pour amélioration de la place du Lycée. Dans la séance du 31 juillet 1872, elle décida le déplacement du déversoir établi sur le trottoir longeant les bâtiments du

(1) V. Appendice, note 3.

lycée, depuis la rue du Lycée jusqu'à l'entrée du Musée des tableaux. Le 11 février 1874, le Conseil autorisa le maire à payer au proviseur du lycée 45.000 francs et les intérêts de cette somme pour travaux d'appropriation à y exécuter. Cette même année eut lieu le transfert du musée de tableaux du lycée au palais Longchamp. En 1875, l'ancienne chapelle des Bernardines, depuis plus de quatre-vingts ans fermée au culte, enfin restituée au lycée, réparée, embellie, recevant les élèves de la première communion, fut inaugurée par le R. P. Didon.

Sous M. Gallerand, proviseur, le Conseil, en séance du 7 juillet 1881, accorda au lycée, pour travaux de grosses réparations, 52.000 francs ; le 28, un autre crédit de 14.000 francs pour les travaux de restauration des façades et des cours ; le 17 mai 1882, il approuvait les travaux de construction d'une grille destinée à clôturer la cour de la chapelle en façade sur le boulevard du Musée, et pour la peinture des passages et du grand escalier de cet édifice (1).

Le proviseur Gallerand accomplit d'autres importantes améliorations. Depuis sa création (1854), l'école primaire, établie entre le bassin de natation et le bâtiment renfermant la buanderie, la lingerie et les bains, végétait à l'étroit dans un local si défectueux, que l'inspecteur d'Académie Bayan disait : « Si un pareil local m'était proposé pour une école communale, je le refuserais... » Sous l'administration active et bienfaisante de M. Gallerand, en octobre 1882 l'école primaire abandonna définitivement les salles basses, humides et enfumées de l'ancien local ; et, installée dans l'ancienne bibliothèque publique, elle posséda les plus belles classes de l'établissement, avec une grande cour bien exposée, et, pour l'entrée des élèves, une vaste salle ou vestibule et une entrée particulière sur le boulevard. Pour la transformation de la salle et de la cour de la chapelle protégée par une belle grille, et qui date seulement d'octobre 1887, M. le proviseur Dalimier obtint 2.500 fr.

Sous le même proviseur, vers 1885 eut lieu une petite réforme intérieure que nous ne saurions omettre : à la suite de graves abus, la direction de l'infirmerie passa des Sœurs religieuses de l'Espérance aux mains d'infirmières laïques. — Sous ce même provisorat Dalimier se firent de nouveaux travaux: un portail en bois fut remplacé ; on reconstruisit l'escalier principal ; le 18 novembre 1887, la Ville accorda 10,500 fr. pour installation d'un nouveau dortoir dans le bâtiment

(1) Archives municipales.

occupé autrefois par les galeries supérieures de la bibliothèque ; le 18 février 1888, le Conseil approuva aussi les travaux à exécuter pour la consolidation définitive de l'escalier conduisant de l'internat à l'externat ; on fit d'autres travaux complémentaires: la façade de la chapelle menaçant ruine fut restaurée, etc... Déjà la porte d'entrée principale avait été, sinon supprimée, du moins condamnée, sauf dans les grands jours, et à la suite de notables remaniements dans les constructions, la porte de l'administration et la loge du principal concierge furent établies au coin de la place du Lycée. Enfin une classe insalubre au bout du couloir fut supprimée au profit de la sacristie de la nouvelle chapelle rendue au culte... Tels sont les principaux changements opérés par les derniers proviseurs (1847-1892).

Aujourd'hui, la superficie totale du grand lycée est de 17.000 m. q., dont une superficie bâtie de 6200 m. q.; et une superficie libre (cours, jardins), de 10,800 m. q. : les limites et enclaves sont des voies publiques et des propriétés particulières (1). La partie supérieure du talus, vendue plus de 300,000 fr. à la Ville, lui a permis de construire le beau monument de la Bibliothèque et de l'école des Beaux-Arts.

En 1890, le Conseil municipal décida la construction d'un nouveau lycée d'internes, qui devait être installé dans la propriété Rodocanachi, à l'extrémité de la rue Paradis. Un emprunt de 1.500,000 fr. fut voté à cet effet. En 1893, le Conseil, ayant renoncé à cette nouvelle construction, fut d'avis de donner un autre emploi à cette somme : 720.000 fr. furent affectés à des travaux de restauration de l'ancien lycée, 780,000 fr. à des constructions d'écoles primaires et 300,000 fr. à la construction d'une nouvelle Faculté des sciences. Au mois de juillet 1896 la Chambre et le Sénat approuvèrent la délibération du Conseil municipal. Les travaux de restauration du lycée ont été commencés en septembre 1897.


## PETIT LYCÉE DE LA BELLE-DE-MAI

Dès 1825, le Collège avait fait une acquisition précieuse : c'est une maison de campagne dans le quartier Saint-Charles pour la récréation du jeudi. Le bâtiment en était assez vaste, quoiqu'un peu délâbré, et

(1) Archives municipales.

l'enclos renfermait 12 carterées (2 hectares et demi environ). Tout cet espace était distribué en trois grandes cours, autour desquelles on avait planté une grande quantité d'ormes, d'acacias et de peupliers d'Italie. On ne songea que fort tard à l'utiliser, car on n'y pouvait parvenir que par des sentiers étroits, fangeux, dangereux même en plein jour.

C'est en 1858, M. Courtade étant proviseur et M. Charles Zévort, inspecteur d'Académie, que celui-ci proposa d'établir là un petit lycée. Les constructions nouvelles s'élevèrent en 1863 ; le nouveau *petit collège*, plus tard *petit lycée*, fut installé et inauguré sous le proviseur V. Joguet (1864) ; on n'y reçut que des internes ; de 1864 à 1880 les classes n'allaient que jusqu'en sixième : en 1880-81 seulement les classes y furent poussées jusqu'en quatrième. En 1865 on y comptait 92 élèves (25 en 6ᵉ, 21 en 7ᵉ, 20 en 8ᵉ, 26 en classe primaire ou 9ᵉ).

Le Petit Lycée de la Belle-de-Mai a été construit au sommet d'un monticule d'où l'on voit la mer ; il est compris entre le quartier de la Belle-de-Mai et celui des Chartreux, ou, pour mieux le délimiter, entre les rues Séry, Victor Hugo, le boulevard Ricard et en contre-bas la voie ferrée de Marseille à Paris. Toute la façade est largement exposée au midi ; au nord-est est la chapelle, au nord une piscine de natation dans un parc bien ombragé qui abrite les bâtiments contre les violents assauts du mistral ; dans le voisinage se dressent les usines et les manufactures. « Cet établissement, dit le prospectus, offre aux familles toutes les garanties désirables de salubrité, de bien-être et d'agrément. » Il n'est séparé du grand lycée (auquel il est relié par un téléphone) que par une distance de deux kilomètres et demi ; depuis 1897, il y a un omnibus qui dessert le Petit Lycée, Longchamp, etc. « Bien que soumis au contrôle et à l'autorité du proviseur, il a son existence propre à côté du grand lycée, et est placé sous la surveillance d'un directeur. L'heure du lever y est retardée. Les plus jeunes enfants reçoivent d'une femme de confiance les soins que leur âge réclame. Une discipline plus douce leur ménage la transition entre la vie de famille et celle du grand lycée... »

La superficie totale du Petit Lycée est de 22.345ᵐ, dont 2.535ᵐ bâtie, et 19.910ᵐ libre.

II

# L'ENSEIGNEMENT

« La vieille cité phocéenne a
gardé, en vraie fille de la Grèce et
de l'Italie, son vieil esprit municipal : c'est la ville de France qui
a conservé l'esprit le plus original
et le plus libre ; elle est bien la
métropole du versant méditerra-
néen : Marseille a toujours les
yeux tournés du côté de l'Orient
et du Midi. »

(ELISÉE RECLUS, 2e v.)

LES ÉTUDES A MARSEILLE : ORIGINES. — ENSEIGNEMENT SOUS LA RÉVO-
LUTION. — LE LYCÉE OU ACADÉMIE DE MARSEILLE. — HISTOIRE DU
LYCÉE COMME ÉTABLISSEMENT SECONDAIRE : CRÉATION. — LES PEN-
SIONNATS.

## LES ÉTUDES A MARSEILLE. — LES ORIGINES

Vers la fin du premier siècle de notre ère, la culture des belles-lettres
avait été en honneur à Marseille. Celle que Cicéron avait appelée
l'*Athènes des Gaules* et Pline *la maîtresse des écoles*, « seule parmi les
villes de provinces, avait donné une édition d'Homère, et avait vu se
presser dans ses lycées la plus brillante jeunesse de Rome. »

S'il faut en croire Tacite (Vie d'Agricola) : « C'est une ville privilégiée
où l'on trouve un heureux mélange d'affabilité grecque et de simplicité
provinciale. » Mais au Moyen Age les traditions s'évanouirent : on
n'étudiait guère à Marseille avant le XIIIme siècle. « Dans cette émule
d'Athènes, les études étaient négligées au point de ne trouver aucun
professeur pour enseigner les humanités. » Le plus ancien document qui
nous ait été conservé sur l'instruction publique à Marseille date de
1364 : ce sont des lettres patentes du 29 janvier dans lesquelles
Guillaume Sudre, évêque de Marseille, permet pour deux ans de tenir
des écoles de grammaire et de logique à un nommé Curamontarius,
bachelier ès arts du diocèse de Chartres.

De 1434 à 1489, la ville de Marseille n'eut que de simples écoles ; au

début du XVI⁻ᵉ siècle, elle organisa l'enseignement public sur des
bases plus larges : « L'instituteur communal eut le titre de *rector
gobernador de la grant escola de grammatica*, et quelquefois aussi on
l'appela *lo grant magister de las escolas*. Maître Gilles dirigeait le
collège de Marseille en 1543 ; puis on choisit maître Antoine Bellaud,
lui adjoignant trois bacheliers. Les consuls voulurent obliger tous les
écoliers de la ville à suivre les cours du collège ; mais les instituteurs
privés résistèrent et le Conseil municipal, dans sa séance du 24
septembre 1543, autorisa les consuls à poursuivre judiciairement
« ces pédagots qui vouloient tenir chambre d'escole par la ville, sans
volloir aller à l'escole commune. » Les successeurs de Bellaud furent :
Baptiste d'Arène, Gilbert Girard, l'Italien Simonassi, Jean Flégier,
Nicolas, le carme Bertrand Anfossi et Claude Franc ; en 1557, le prêtre
Pierre Columby, qui fut, pendant treize ans, à la tête du collège ;
le 11 novembre 1570, François Lantelme, qui mourut en 1605 dans
l'exercice de ses fonctions de principal ; les consuls le remplacèrent
par messire Honoré Rouvier, prêtre.

Le Collège royal de Marseille date du règne de Charles IX, qui le fonda
par lettres patentes du 15 août 1571. Désigné sous le nom de Grandes
Ecoles, il était dirigé par deux régents et par un professeur qui
portait le titre de grand maître : « En 1574, Charles IX autorisa aussi
l'établissement d'une maison professe des Jésuites à Marseille ; les
troubles religieux firent échouer ce projet. D'ailleurs, les Jésuites
avaient déjà amassé contre eux des haines redoutables ; le parlement
de Paris les voyait de très mauvais œil, et l'Université ne leur pardon-
nait pas le tort que lui faisait la concurrence de leurs écoles (1). »

La congrégation de l'Oratoire s'était établie à Marseille, sous l'épis-
copat de Jacques Turricella, c'est-à-dire de 1605 à 1618. Les Pères de
l'Oratoire introduisirent vers 1609, les crèches à Marseille, et le peuple
accourait en foule à ce spectacle pieux qu'animaient des effets de
lumière, le chant et la musique. Il y avait là bien des rapports avec
la représentation des Mystères. Dès 1611, par suite du testament de
Pierre de Riquetti, aïeul du tribun Mirabeau, les Oratoriens furent
sur le point de diriger le Collège royal. Riquetti, sieur de Négreaux,
(rue Négrel, ancienne rue des Chiens), né à Marseille, était avocat à la
cour du parlement de Provence. Par un testament solennel, daté

(1) Augustin Fabre, *Notes sur les rues de Marseille*, p. 284.

du 7 septembre an 1610, ouvert le 25 août 1611, il avait légué une grande partie de ses biens aux Minimes, et le reste devait être employé à l'érection et établissement ou dotation d'un Collège par les Jésuites dans cinq années, sinon les Oratoriens en seraient chargés. « En cas advenant queledit R. Père Proal (des Pères Jésuites) n'eut commencé de faire édifier ledit Collège ou maison professe à Marseille, ou à tout le moins obtenu la permission et faculté de l'ériger et établir dans lesdites cinq années, audit cas ou l'un d'iceux advenant, et échues que seront ces cinq années, révoquant le sieur testateur dès maintenant comme pour lors l'institution faite au profit du Père Proal, institue et nomme ses héritiers universels, au lieu dudit Père Proal, les révérends Pères ou prêtres de l'Oratoire assemblés par le Père Romillon, approuvés par le Saint-Siège apostolique, à condition d'instruire la jeunesse de Marseille à la dévotion et aux bonnes lettres et mœurs. Et au cas que lesdits Pères de l'Oratoire, étant ouverte la succession des biens et héritage, ne le voulussent accepter sous cette condition d'instruire la jeunesse, le testateur institue et nomme ses héritiers universels, à la place des Pères de l'Oratoire, ledit couvent des Pères Minimes, les Dames de Sainte-Ursule et l'hôpital du Saint-Esprit, le tout dans Marseille, par égale part et portion, savoir le couvent des Minimes pour un tiers, les Ursulines un second tiers et l'hôpital pour l'autre tiers, sans que lesdits Père Proal et Pères de l'Oratoire puissent ni doivent prétendre aucunes détractions... (1) »

Cependant, les Oratoriens s'étaient définitivement établis dans la ville depuis le 26 août 1620, comme chargés de l'église de Sainte-Marthe qui dépendait du chapitre de la Majeure (la Major). Or, en ce moment « le Collège étant en souffrance, ses recteurs demandèrent d'eux-mêmes au Conseil de la ville qu'on le remît à personnes capables de dresser les jeunes gens aux lois et bonnes mœurs. » Cette requête ayant été agréée, les consuls signèrent le 25 février 1625, avec les Pères de Corcis et Paul Métézeau le contrat qui remettait la direction du Collège à l'Oratoire. Tous les régents, au nombre de huit, le supérieur et le préfet devaient être Français et sujets du roi de France; la Congrégation ne pourrait ériger aucun autre Collège dans la *Pro-*

(1) Archives départementales des Bouches-du-Rhône, H, I, mns, registre où sont renfermés les originaux des premiers et principaux actes du couvent des Minimes depuis sa fondation jusqu'à l'an 1640 (fol. 244, au verso).

*vince* sans la permission de la « Communauté » de Marseille. De son côté, celle-ci s'engageait à payer annuellement 2.400 livres; mais elle se réservait le droit d'élire, tous les ans, si bon lui semblait, les recteurs du Collège.

Ratifié d'abord par le Père de Bérulle (fondateur de l'Oratoire, 1611, cardinal, 1627), le 26 mai 1625, ce traité fut approuvé par le Parlement de Provence, le 5 mars 1625, puis confirmé par lettres patentes de Louis XIII, le 8 août 1634. Dans sa visite, en 1674, le Père de Juanet loue le bon ordre du Collège, où les études et la piété florissaient également. « Entre l'Oratoire et le Corps de Ville l'harmonie durait et s'affirmait par la fondation d'une nouvelle église dédiée à sainte Marthe, dont l'architecte était un oratorien, le Père Gérard Genesy. De l'ancienne église on faisait un bâtiment annexe du Collège (1). » En 1720, Jacques de Matignon, qui avait succédé, en 1671, à Bossuet, comme évêque de Condom, vint à Marseille comme abbé de Saint-Victor; il donna plusieurs preuves de sympathie au Collège des Oratoriens.

Le Collège de l'Oratoire continuait à prospérer : depuis 1625, on y compta certaines années plus de trois cent cinquante élèves. L'évêque de Marseille, Henri Belsunce de Castel-Moron (1709-1755), dévoué aux Jésuites, divisa son diocèse en deux camps: question de boutique, mal déguisée sous le manteau de l'orthodoxie. Le Père Gauthier, supérieur du Collège de Marseille depuis trente ans, attaqué et calomnié par le dur et trop zélé Belsunce, crut devoir se défendre: « Chargés du soin de la jeunesse de cette ville, nous sommes obligés, dit-il, de rendre compte à messieurs les magistrats de l'éducation de cette jeunesse. Pourtant, les parents n'ont point cédé aux sollicitations de retirer les enfants du Collège. Heureusement pour nous, on ne nous reproche rien à l'égard des mœurs. » Belsunce, dans un mandement du 13 janvier 1719, répondit à cette lettre en la condamnant et en disant qu'elle « était remplie de suppositions et de faussetés insignes ». Le Parlement d'Aix donna tort à l'évêque, comme le prouve l'arrêt suivant dont nous donnons un résumé : « Du 7 décembre 1718. Arrêt de la Cour de parlement de Provence, portant défenses à Monsieur l'Evêque de Marseille de procéder contre les prêtres de l'Oratoire de ladite ville.

---

(1) Paul Lallemand, *Histoire de l'éducation dans l'ancien Oratoire de France*, thèse de doctorat. 1 vol. in-8°, Thorin, 1888.

— « L'Evêque, dans un premier mandement publié le 9 octobre précédent, avait menacé de les excommunier ; l'économe des prêtres de l'Oratoire de Jésus déclarait appel comme d'abus : la Cour fit inhibitions et défenses audit Evêque de Marseille de procéder contre les suppliants, jusqu'à ce qu'autrement soit dit et ordonné... (1) » Belsunce, à cause de leur appel, excommunia les Oratoriens... Le Parlement alla trop loin : « Un arrêt du 14 janvier 1719 ordonnait la saisie du temporel de l'évêché. C'était la guerre déclarée entre l'Evêque et les Oratoriens. » La peste éclata sur ces entrefaites. Malgré les calomnies de Belsunce et des Jésuites, les Oratoriens firent leur devoir et, montrant une charité héroïque, eurent six de leurs Pères, dont le Supérieur, morts de la peste. La calomnie jésuitique persista encore. Grâce à l'Evêque, l'ouverture du nouveau Collège de Saint-Jaume fut faite le 15 janvier 1727, en présence des échevins qui n'en protestèrent pas moins contre la nouvelle institution. Le Collège Belsunce donna son nom à la rue, qui fut régularisée de 1748 à 1769. Cependant Belsunce ne borna pas là ses libéralités : pour favoriser la Compagnie de Jésus, il augmenta le nombre des Jésuites de Saint-Jaume, leur donna des sommes considérables, sa bibliothèque, des tableaux... Bientôt Saint-Jaume et Sainte-Croix ne suffirent plus aux Jésuites, qui avaient l'ambition de créer un troisième Collège. Toutefois les régents de Saint-Jaume rivalisèrent avec ceux de l'Oratoire, et il y eut là une puissance d'émulation qui tourna au profit des études classiques dont le niveau fut à peu près le même dans les deux Collèges. Les Révérends Pères n'avaient plus que fort peu de temps à rester au Collège de Saint-Jaume.

« On sait que, les Jésuites ayant abusé partout en France de l'immense crédit dont ils jouissaient, il y eut contre eux un soulèvement général. Louis XV dut céder au cri de l'opinion publique, qui les dénonçait « comme formant un Etat dans l'Etat, comme contraires aux lois du royaume par leur soumission à un étranger, le général de l'Ordre. » Le mois de mars 1762, le roi rendit un édit, dont les deux principaux objets étaient d'abolir l'autorité du général sur les Jésuites de France et de les assujettir à se conformer aux lois du royaume. Cet édit ne fut approuvé ni par le pape, ni par le général de l'Ordre. C'était Ricci, dont la réponse est bien connue : « *Sint ut sunt aut*

(1) P. Lallemand, *thèse*; et *Arrêts du Parlement*, biblioth. publ. de Marseille.

*non sint*, Qu'ils soient comme ils sont, ou qu'ils ne soient pas... »
L'opinion publique, voulant « qu'ils ne fussent plus », ne pouvait
accueillir favorablement l'édit de Louis XV. Le parlement de Paris,
qui avait refusé de l'enregistrer, ordonna que les Constitutions des
Jésuites lui fussent représentées. Après une procédure de plusieurs
mois, il rendit, le 6 août, un arrêt par lequel l'Ordre était aboli. Les
autres Parlements s'empressèrent de suivre cet exemple (1). » Le
28 janvier 1763, un second arrêt du Parlement de Provence prononça
la suppression définitive de la Compagnie de Jésus en Provence ; enfin,
par un nouvel arrêt du 18 novembre 1764, les ci-devant soi-disant
Jésuites furent bannis de la ville d'Aix et de celle de Marseille.

Lorsque « la tour d'Ignace bâtie par Dieu même » se fut écroulée,
et que les Jésuites en 1765 furent expulsés de France, la longue lutte
entre eux et les jansénistes du Père de Bérulle se termina à l'avantage
des oratoriens, et ce fut le Collège de l'Oratoire qui absorba celui de
Saint-Jaume. En 1764, année de l'expulsion des Jésuites en Provence,
l'Oratoire, dont le nombre d'élèves était descendu à 88, compta
364 élèves. En 1766, sous le supérieur Dye de Gaudry, le Collège
changea de maison. Sur le rapport de la commission du conseil des
échevins, lu le 5 avril 1766, on décida qu'un seul Collège suffisait à
Marseille, que celui de la ville, qui se dressait, au nord, sur une
éminence, comme dans un désert, devait être transféré dans la
maison de Saint-Jaume, qui subsisterait seule sous le nom de Collège
de Belsunce et de Marseille, *Collegium Belsuncæum et Massiliense*,
et que les oratoriens, recevant annuellement la somme de 5.800 livres,
le régiraient, sous l'inspection des échevins. Mais ce n'est que bien
des années après, en janvier 1779, que des lettres patentes du roi
Louis XVI réunirent l'ancien Collège de Belsunce à celui de Sainte-
Marthe pour être perpétuellement dirigé par la congrégation de l'Oratoire. Cependant les Oratoriens ne s'empressèrent pas d'aller s'y
établir, car ce ne fut que le 6 novembre 1782, qu'ils firent l'ouverture
publique du nouveau Collège, en présence des magistrats municipaux.
Le Père Duvaublin fut le dernier supérieur du Collège de Marseille,
qui fut fermé en 1792 sous la Révolution.

Les élèves les plus célèbres sortis du Collège royal de l'Oratoire
furent : Jules Mascaron, né à Marseille (1634-1703), prédicateur,

(1) J. Delfour, *Histoire du Lycée de Pau ;* 1890, Pau, Garet ; p. 83.

évêque de Tulle, puis d'Agen ; — J.-B. Massillon, né à Hyères (1663-1742), entra, en 1681, dans la congrégation de l'Oratoire, professeur suppléant (1686-1687), évêque de Clermont, membre de l'Académie française (1719) ; — César Chesnau Dumarsais, né à Marseille (1670-1756), avocat, précepteur, grammairien célèbre, auteur du *Traité des tropes*, etc... ; — Barthélemy, Jean-Jacques, né à Cassis (1716-1795), abbé, numismate, de l'Académie française (1789), auteur du *Voyage du jeune Anacharsis en Grèce*, etc... (1)

C'est avec dessein que nous avons quelque peu insisté sur les origines de notre lycée, qui nous ont semblé curieuses et respectables : *Major è longinquo reverentia.*,.

## L'ENSEIGNEMENT SOUS LA RÉVOLUTION

La Révolution fut accueillie avec enthousiasme à l'Oratoire. Un seul Père, Jean-Gaspard Gassendi, curé de Barras, prit part aux États-Généraux de 1789, comme député du clergé. Daunou, le 4 septembre 1789, prononçait un discours, où il prouvait que « l'esprit de patriotisme est l'esprit dominant de l'Oratoire ». Cependant, par lettres patentes du 4 octobre 1789, parut un arrêt concernant la suppression des maisons religieuses, prohibant en France les vœux monastiques de l'un et l'autre sexe, fixant le traitement des religieux qui sortiront de leurs maisons... (2) »

« Lorsque le gouvernement de l'Assemblée législative, en novembre 1791, voulut supprimer l'Oratoire, un ancien élève de Juilly, d'Espréménil, prit la plume pour éveiller les sympathies du public en faveur de l'Oratoire. Mévolhon, député des Basses-Alpes, montait à la tribune pour soutenir la même cause. « Messieurs, s'écria-t-il, la mesure que le Comité vous propose est inadmissible. Considérez-vous que vous allez prononcer sur le sort de l'Oratoire, de ce corps qui fut toujours composé de citoyens et qui produisit souvent des philosophes ? Il ne connut jamais l'intrigue ; il ne l'employa jamais pour acquérir de grandes richesses. Toujours il a combattu les ennemis de la patrie. Vous avez répété ce qu'il disait depuis un siècle contre les lettres de

---

(1) V. Appendice, note 4.
(2) Archives des Bouches-du-Rhône, II, p. 426.

cachet. Massillon s'était nourri de l'esprit de l'Oratoire lorsqu'il
parlait au Roi votre langage ; Malebranche, Dumarsais, Lami étaient
aussi de l'Oratoire. » En vain invoquait-on ces gloires d'autrefois. Les
passions, à l'Assemblée législative, l'emportaient sur la reconnaissance. Le projet de supprimer les Congrégations séculières, après
avoir été lu et discuté dans les séances des 6 avril, 2 mai, 1ᵉʳ janvier,
13 et 16 août, fut voté le 18 août 1792, et, ce même jour, il fut
enregistré comme loi d'État, par le Conseil exécutif provisoire (1). »

Bien que l'Oratoire revendiquât hautement son caractère d'être « un
corps tout français, attaché par principe aux lois et aux maximes de
l'État », son cri suprême de patriotisme ne fut pas écouté : l'Oratoire,
ce foyer de culture, de piété, de vie intellectuelle et morale, fut éteint
violemment ; et les oratoriens se dispersèrent. En 1792 fut fermé ce
collège d'où étaient sortis des hommes qui honoraient Marseille à
divers titres, Mascaron, Massillon, le Père Joseph de Paul, le Père
Bougerel, Dumarsais, le botaniste Peyssonel, Barthe, Barthélemy,
etc... Suivant le rapport de Condorcet ( du 20 avril 1792), « en
matière d'enseignement tout était détruit, tout était à refaire, et sans
une initiative puissante de l'État, il ne se faisait rien. » En 1793,
l'Université elle-même disparaissait ; mais, après 1795, il y eut, à Aix,
une École centrale, qui éprouva des fortunes diverses dont nous
parlerons brièvement et dont l'histoire se résume en deux mots : pas
d'élèves, pas d'argent.

Lakanal, en effet, fit décréter par la Convention nationale, le 30
octobre 1794, la création d'une École normale. Une nouvelle création,
établie par décret du 26 février 1795, fut celle des Écoles centrales,
sorte de lycées d'externes pour les enfants à partir de douze ans. On en
créa une par chaque fraction de trois cent mille habitants. L'enseignement devait y être presque exclusivement scientifique. Mais ces
Écoles centrales n'existèrent longtemps que sur le papier ; leur
programme ne parut que le 25 octobre 1795, au dernier jour de la
Convention. Trois seules prospérèrent, celles de Paris, Besançon et
Montpellier (2). »

Le 21 fructidor an IV, sur la proposition du jury central de
l'instruction publique à Aix, l'administration centrale du département

(1) Paul Lallemand, thèse de doctorat, 1888. Thorin ; *ibidem.*
(2) *Revue des Deux-Mondes*, décembre 1881, p. 841.

nomma, à l'Ecole centrale établie à Aix, les citoyens Forti, peintre d'histoire, professeur de dessin, et Gibelin, bibliothécaire. — Sur la demande des professeurs de l'Ecole centrale de paiement de leur traitement du trimestre échu, du 16 floréal au 16 thermidor an IV, le Directoire exécutif adresse au ministre de l'intérieur un tableau par colonne des traitements des professeurs, afin d'obtenir les fonds nécessaires pour le paiement. — Le 24 brumaire an IV, il autorise et charge le citoyen Forti, professeur à l'Ecole, alors à Paris, de faire le choix des modèles des statues antiques et des médailles et camées de la bibliothèque nationale, comme utiles aux professeurs et aux élèves, de soigner l'emballage et le transport de ces objets... (1). Le 12 frimaire an V, la maison nationale des Andrettes et le local des Bénédictins, à Aix, étaient désignés pour y placer l'Ecole centrale. — Malgré cela, cinq mois s'écoulent sans aucune décision ; les professeurs demandant avec instance l'ouverture de la fameuse Ecole, le Directoire exécutif, le 9 floréal an V, arrête qu'elle sera provisoirement établie dans l'ancien local de l'Université, que les réparations nécessaires seraient faites sur-le-champ. Mais, le 21 fructidor, les derniers arrêtés étant rapportés, vu la pétition du C. Kolly, professeur d'histoire naturelle à la future Ecole, considérant que le local n'est point définitivement fixé, l'administration rejette la susdite demande. — Après la journée du 18 fructidor an V (4 sept. 1797), dans la séance du 29 nivôse an VI (janvier 1798), le Directoire exécutif siégeant à Aix, après avoir entendu le discours déclamatoire d'un de ses membres, qui regrette que le département n'ait pas encore organisé son Ecole centrale, arrête: que l'ouverture de l'Ecole est fixée au 1er ventôse prochain; que les professeurs désignés (Forti, Camoin, Chamsaud, Gibelin) donneront provisoirement leurs leçons dans les salles de la ci-devant Université, etc. — Le 17 pluviôse an VI un projet de règlement provisoire présenté par le jury est adopté par l'administration. — Le 22, le C. Chamsaud est nommé professeur de chimie. — Le 26, elle accorde aux C. Forti et Camoin un logement dans le ci-devant Collège. — Un arrêté du 29 place provisoirement l'Ecole centrale dans la maison nationale des Bénédictins. Un autre, pris en séance du 7 ventôse, arrête la nomination du C. Rosery, agréé par

(1) Archives départementales des Bouches-du-Rhône, séances des Conseils généraux.

tous les professeurs, comme concierge de l'École (aux appointements de 600 fr., valeur métallique, payables chaque mois et à dater de l'ouverture de ladite École). — Un arrêté du 7 permet aux professeurs de l'École de puiser dans les dépôts nationaux les objets de sciences et arts dont ils peuvent avoir besoin. — Le 19, un arrêt appuie la demande des jury et professeurs en concession du local des ci-devant Ursulines et Andrettes. — Le 17 germinal an VI, un autre arrêté autorise l'impression et affiche (affichage) de l'adresse suivante du jury d'instruction publique :

« Adresse des membres du jury d'instruction publique pour les écoles primaires dans l'arrondissement du ci-devant district d'Aix : — Aux instituteurs tant particuliers que nationaux de cet arrondissement. — Citoyens, En vous confiant l'éducation de la jeunesse, la République et les citoyens ont mis entre vos mains la destinée des générations qui vont successivement nous remplacer : c'est en effet des sentiments que vous inspirez aux enfants pendant que leurs organes sont susceptibles d'impressions profondes et durables, que dépendent et leur bonheur futur et la prospérité ultérieure de l'État. La vertu, vous le savez, est le seul fondement solide de toutes les associations humaines, et c'est surtout dans l'enfance qu'il importe de l'imprimer dans le cœur de l'homme, avant que le développement de ses organes donne naissance aux passions qui trop souvent l'entraînent et l'égarent.

« Pénétré de ces vérités, le gouvernement vous exhorte par notre organe à expliquer et à faire apprendre par cœur en forme de leçons à tous les jeunes citoyens que vous êtes chargés d'instruire, un petit ouvrage intitulé : *Institution des enfants, ou conseils d'un père à son fils*, traduit du latin du célèbre Muret, par le citoyen François de Neufchateau, actuellement membre du Directoire exécutif.

« C'est un code de morale élémentaire, propre à inspirer aux enfants les sentiments de droiture et de probité, dont le citoyen ne doit jamais s'écarter dans aucun temps et dans aucune circonstance de la vie; la partie latine de cette intéressante production peut servir de modèle pour cette belle langue; et les quatrains français, plus faciles à retenir que la prose, sont faits pour exercer avec fruit la mémoire, en y gravant, à la faveur d'une poésie harmonieuse, un choix de préceptes importants avoués par la saine raison et propres pour tous les états de la vie.

« Nous avons lieu d'espérer que vous n'attendrez pas que les administrations prennent des mesures coactives pour vous obliger à remplir votre devoir le plus sacré, et, sans doute dans les visites que les autorités constituées, chargées de surveiller l'intéressant objet de l'éducation, ne manqueront pas de faire chez vous, chaque élève se trouvera muni de cet ouvrage ainsi que des autres livres élémentaires qui vous ont été recommandés par le gouvernement, ou qui pourront l'être dans la suite par la sollicitude vraiment paternelle du gouvernement. » — Signé : Tertian, Aude et Gibelin.

Dépenses votées dans la séance du 24 germinal an 9 (14 avril 1801), pour l'Ecole centrale (1) :

| | |
|---|---:|
| Achat et entretien des instruments de physique et du laboratoire de chimie, proposé par le Conseil général ..... | 1.200 fr. |
| *Idem*, des matières pour le cours de chimie........... | 600 » |
| Frais du jardin botanique........................... | 600 » |
| Entretien de la bibliothèque, des gravures et des objets servant à la classe de dessin................ .. ........... | 600 » |
| Gages et salaires : jardinier botaniste.................. | 500 » |
| »          »          garçon jardinier.................... | 200 » |
| 1 concierge... ................................... | 400 » |
| 1 portier...... ................. ................... | 300 » |
| Distribution des prix......'................... ...... | 600 » |
| Frais d'entretien et de réparations ordinaires des locaux.. | 400 » |
| Prix des loyers des deux maisons occupées par l'Ecole centrale (à Aix) et la Bibliothèque................... | 1.000 » |
| | 6.400 fr. |

D'après l'exposé précédent, l'Ecole centrale, dans ces tristes conditions, avec un maigre personnel et de rares élèves, aurait réellement fonctionné quatre ans, de mars 1798 à avril 1801.

« Ces extraits des procès-verbaux des séances du Conseil général des Bouches-du-Rhône indiquent ou font entrevoir tout ce qui avait été cause du peu d'heureux succès qu'eurent les Ecoles centrales dans la très grande majorité des départements : — absence d'enseignement

(1) Conseil général des Bouches-du-Rhône, de l'an VIII à l'an XII (1800 à 1801), registre 1000, n° 3, archives départementales.

religieux, d'ordre et de liaison dans les études, de discernement dans le choix des matières et de régularité dans les exercices; — aucune discipline, la liberté partout et pour tous, dans les méthodes et pour les maîtres aussi bien que pour les élèves... Mais ce qu'il faut justement reconnaître à l'avantage de ces Ecoles, c'est que, par elles, l'ancien cadre des études fut élargi; les sciences furent appelées au partage de l'empire exclusif trop longtemps exercé par le latin; ainsi, l'enseignement public devait être désormais plus exactement réglé sur les besoins d'une société démocratique (1). »

Par une loi du 11 floréal an X (1er mai 1802), les Ecoles centrales des départements furent supprimées. Elles devaient être remplacées par des lycées qui seraient établis sur le pied des anciens Collèges. Celle d'Aix fut sans doute maintenue provisoirement pendant une année encore... (2)

## LE LYCÉE OU ACADÉMIE DE MARSEILLE

C'est vers la fin de la peste de 1720-21, que des citoyens animés de l'amour des lettres formèrent, à la campagne, une Société qui fut le berceau de l'Académie (3), avec M. de Lavisclède pour président ; elle n'obtint qu'en 1726 la protection du souverain, par le crédit du grand Villars, en vertu des lettres patentes du mois d'août 1726. Nous voyons, en 1786, au nombre des académiciens : Vidal, Achard, Magnan, agrégés au Collège de Marseille. En 1788, on pouvait citer, après l'importante bibliothèque de l'Oratoire, celle de l'Académie. Les deux prix fondés par les héritiers du duc de Villars à l'Académie, furent régulièrement donnés jusqu'en 1793. Un certain nombre d'académiciens, suspects au nouveau régime, s'éloignèrent de Marseille, ou même émigrèrent en 1793. Pourtant quelques assemblées se tinrent encore cette année, peu nombreuses il est vrai, dont la dernière, composée

---

(1) Albert Duruy, *L'Instruction publique et la Révolution.*
(2) J. Delfour, *loc. cit.,* ch. XIX, p. 318.
(3) « Marseille voulut avoir son Académie ; elle se rappelait la splendeur de son antique Lycée, lorsque les Romains envoyaient leurs enfants s'instruire aux leçons de ses habiles rhéteurs, lorsque des navigateurs et des géographes s'élançaient de son sein, à la recherche des contrées qui avaient échappé même au génie des Phéniciens... » (Gaston DE FLOTTE.)

seulement de sept académiciens titulaires, le 21 août. Le sujet de prix
proposé pour 1794 fut, en prose, comme en poésie : « Le bonheur de
l'homme sous l'empire des lois. » Quatre jours plus tard, Cartaux
entrait dans Marseille, à la tête de ses Allobroges, et y rétablissait la
dictature révolutionnaire (1). Les solennités académiques n'étaient
guère faites pour plaire « aux citoyens et aux citoyennes ». L'assemblée fut tenue pour dissoute ; ses collections furent dispersées. La
municipalité voulut, en 1796, reconstituer cette société savante, mais
ne songea pas à la dédommager de cette spoliation. A la chute du
Directoire, à l'instar du Lycée de Paris, où M. de la Harpe professait la
littérature, elle ressuscita de ses cendres et s'appela Le Lycée, en souvenir des jardins d'Académus à Athènes, promenade des Péripatéti-
ciens.

Ainsi, avant la création du lycée de garçons, il y avait un Lycée de
Marseille : c'était l'ancienne Académie qui avait pris, vers 1800, le nom
de Lycée des sciences et arts de Marseille. Le Lycée tint dans le local
du futur Musée la mémorable séance du 30 floréal, an IX (20 mai 1801) :
cette séance nous a paru assez curieuse pour en résumer ici le
procès-verbal (2).

Elle fut présidée par le citoyen préfet Charles Delacroix, président
du Lycée, le même qui a laissé son nom à la halle Charles Delacroix
et qui fut le père du célèbre peintre Eugène Delacroix, le chef des
coloristes. Le citoyen Français de Nantes, conseiller d'Etat et bientôt
ministre, y assistait avec cinq préfets.

Le Lycée, assemblé extraordinairement avant l'heure fixée pour la
séance publique, crut devoir admettre le conseiller d'Etat, déjà membre de quelques autres Sociétés littéraires. Les vœux furent unanimes
et, lorsque le citoyen Français de Nantes se présenta, le citoyen
Ch. Delacroix, en le recevant, lui présenta son diplôme d'association.

Après l'exécution par l'orchestre d'une ouverture bruyante, en présence d'un nombreux auditoire des deux sexes, le préfet prononça un
long discours où il félicitait le Lycée de ses travaux et de ses progrès
dans les lettres, les sciences et les arts. Puis, dans le langage empha-
tique de l'époque, le citoyen Français de Nantes fit l'éloge du gouvernement réparateur du premier Consul ; il termina son discours par cette

(1) Marseille à la fin de l'Ancien Régime, par une Société. Un volume grand
in-8° ; Marseille, Laffite, 1896.
(2) Procès-verbal de la séance publique, an IX. Une brochure, 57 pages.

pompeuse péroraison : « Assise au pied de tes collines et sur les
bords de la Méditerranée, Marseille, sois fière d'appartenir à la grande
nation républicaine qui te couvre de ses bras puissants, qui ferme les
portes de la révolution et t'ouvre celles de l'Orient et qui te com-
temple avec orgueil dans son sein. Puisses-tu voir bientôt tes nombreux
pavillons couvrir les mers ! Puisses-tu bientôt, florissante par ta
marine, toujours respectée par la bonne foi, être à la fois heureuse
par la tranquillité de tes habitants, et célèbre par les travaux de tes
savants et la gloire de tes Académies !.. »

Le préfet répondit sur le même ton au citoyen conseiller d'Etat ; le
citoyen Philippe Girard parla des phénomènes de la nature, le citoyen
Brack lut une dissertation très documentée sur l'*Armonica* et
accompagna sur cet instrument une ode anacréontique chantée en
italien par des amateurs : A la mémoire du citoyen Saint-Jacques de
Sylvabelle, célèbre astronome, membre du Lycée, « que le Lycée a
perdu dans le courant de l'année lycéenne, et que l'Europe savante
regrettera toujours, après l'avoir admiré plus de cinquante ans. » Le
citoyen Camille Girard lit lecture de son ode sur Bonaparte, qui fut très
applaudie et dont on nous permettra de détacher la strophe suivante :

> ... Salut, vainqueur du Nil ! Salut, vainqueur d'Arcole !
> Que des bords de l'Indus aux murs du Capitole,
> On chante tes vertus, ta gloire et tes bienfaits !
> Qu'aux élans de nos cœurs l'Egyptien réponde,
>     Et que tous les peuples du monde,
> Pour célébrer ton nom, s'unissent aux Français...

Cette poésie sur le héros du jour n'avait pas moins de dix-neuf
strophes ! Le citoyen Azuni lut un discours sur l'empire de la mer ;
Brack lut ensuite le discours préliminaire d'un ouvrage du citoyen
Jules Gautier, membre et l'un des fondateurs du Lycée, sur les
avantages de notre commerce en Egypte. Puis l'orchestre exécuta le
quatuor d'*Iphigénie en Aulide* (de Glück), qui fut très applaudi.
Ensuite, M<sup>lle</sup> Justal, la cadette, chanta la romance des *Petits
Montagnards*, composée par le citoyen Camille Girard et mise en
musique par le citoyen Louet, qui l'accompagna sur le piano. Après
la lecture, par le citoyen Girard, d'une épître à son frère, le citoyen
Sinety clôtura la séance par la lecture de son ode sur le bonheur
(vingt et une stances de dix vers !).

Dans sa séance du 15 mai 1802, le Lycée reprit, avec ses armoiries, son nom d'Académie des sciences, lettres et beaux-arts. Ses armoiries consistent en un phénix qui renaît de ces cendres, et la devise : *Academia Massiliensis, Primis renascor radiis*. Jusqu'en 1867, elle continua à tenir ses séances dans les mêmes bâtiments du Lycée (Musée et Bibliothèque publique); en 1897, elle se réunit dans une belle salle au second étage de l'Ecole des Beaux-Arts.

L'Académie est composée de quarante membres, dont M. Prou-Gaillard (après M. Stéphan) est le président, et M. Louis Blancard, le secrétaire perpétuel. Parmi les académiciens, on compte peu d'anciens professeurs du Lycée. En 1807, MM. Blanpain et Vasse professeurs de mathématiques; et, de nos jours, MM. François Tamisier, Fortuné Marion, Jules Macé de Lépinay.

## CRÉATION DU LYCÉE

La loi du 1er mai 1802 créa les lycées, mais c'est le décret du 17 mars 1808 qui organisa l'Université impériale. Suivant les termes mêmes du rapport lu aux consuls le 1er germinal an VIII (25 mars 1800), par Lucien Bonaparte, ministre de l'intérieur, les anciens Collèges étaient rétablis sous des formes appropriées aux nouvelles institutions politiques.

Il est intéressant de rappeler, de la loi de 1802, les huit articles suivants :

ART. 8. — Il sera établi des lycées pour l'enseignement des lettres et sciences. Il y aura un lycée au moins par arrondissement de chaque Cour d'appel.

ART. 10. — On enseignera, dans les lycées, les langues anciennes, la rhétorique, la logique, la morale et les éléments des sciences mathématiques et physiques. Le nombre des professeurs ne sera jamais au-dessous de huit, mais il pourra être augmenté, ainsi que celui des objets de l'enseignement, d'après le nombre des élèves qui suivront le lycée.

ART. 13. — L'administration de chaque lycée sera confiée à un proviseur. Il aura immédiatement sous lui un censeur des études et un *procureur* gérant les affaires de l'école (1).

(1) Dans le collège des Jésuites, le *procureur* avait le soin du service matériel et la tenue de la comptabilité de la maison.

Art. 14. — Le proviseur, le censeur et le procureur gérant de chaque lycée seront nommés par le Premier Consul ; ils formeront le Conseil d'administration de l'école.

Art. 18. — Après la première formation des lycées, les proviseurs, censeurs et procureurs des lycées devront être mariés ou l'avoir été. Aucune femme ne pourra néanmoins demeurer dans l'enceinte des bâtiments occupés par les pensionnaires.

Art. 32. — Il sera entretenu aux frais de la République 6,400 élèves pensionnaires dans les lycées et les écoles spéciales.

Bientôt l'article 18 fut remanié ainsi :

Art. 101. — A l'avenir et après l'organisation complète de l'Université, les proviseurs et censeurs des lycées, les principaux et régents des collèges, ainsi que les maîtres d'études de ces écoles seront astreints au célibat et à la vie commune.

Art. 102. — Aucune femme ne pourra être logée ni reçue dans l'intérieur des lycées et collèges.

Du 24 vendémiaire an XI (16 octobre 1802), au 16 floréal an XII (6 mai 1804), l'érection de 45 lycées fut décrétée, dont 36 pour l'ancienne France, et 9 pour les départements nouveaux. Quand fut promulgué le Règlement général, 21 prairial an XI (10 juin 1803), qui devait les assujettir à une loi commune, il n'y avait encore que 30 lycées dont la création était décrétée. — Le Conseil général, le 20 floréal an XI (mai 1803), émet un vote en faveur de l'établissement d'une Université à Aix.

Dans les lycées, les études n'affectaient plus le même caractère scientifique et industriel qu'on avait donné à celles des Ecoles centrales supprimées ; elles se rapprochaient des anciennes méthodes classiques. « La nouvelle loi, écrivait le directeur général de l'Instruction publique, M. Fourcroy, en y substituant des lycées, n'a point voulu supprimer entièrement et sans remplacement les Ecoles centrales ; elle n'en a élagué que le superflu dans le nombre et les genres d'enseignement. Telles qu'elles sont, elles contiennent en matériaux d'instruction et en hommes chargés de les mettre en œuvre, tout ce qu'il faudra donner aux lycées (1). »

Le 22 décembre 1802, jour de l'inauguration du lycée, fut installé comme proviseur l'abbé Roman, ancien oratorien, ancien supérieur

_____

(1) Instructions aux Inspecteurs généraux, 13 brumaire an XI (4 novembre 1802).

(1788) du Collège de l'Oratoire à Marseille : tel est le lien qui rattache le lycée de 1802 à l'ancien Collège royal. Il fut proviseur jusqu'au 16 septembre 1804 et eut pour censeur Reydellet.

Le gouvernement envoya à Marseille deux inspecteurs généraux des études, Cuvier et Despaulx, avec la mission d'organiser le lycée installé avec 150 élèves internes, il en eut 188 en 1805. Quelque temps après, pour perpétuer la fondation du lycée par Napoléon, fut gravée une médaille, dont l'unique exemplaire, en étain, se voit au cabinet de numismatique de Marseille. Nous en relevons la description dans le *Trésor de numismatique et de glyptique*, 1840, p. 29.

Empire français, 1805. — N° 12, 31 décembre 1805, médaille; tête laurée de Napoléon, *Hic vir*. Lycée de Marseille. La tête laurée à gauche. Sur le bord du cou : Poize, F. ( *fecit* ). En bas : *Hic vir* ( Voilà un homme ! ) Virg. (Virgile). Autour du champ, des étoiles formant couronne. — R. — Dans une couronne de laurier : Lycée de Marseille (39ᵃ). Inédite, cabinet de Mᵐᵉ Sœhnée et de M. Trabard. — Cette pièce n'est qu'un projet et ne paraît pas avoir servi. La légende est tirée de l'*Enéide* de Virgile, chant VI, vers 791. — Nous sommes heureux de signaler cette trouvaille, due à l'aimable et savant directeur, M. Laugier.

Cette médaille, gravée depuis quatre-vingt-treize ans, qui devait être frappée à l'hôtel des Monnaies de Marseille, fut signalée d'abord en 1814 dans une note manuscrite de Poize ; en voici la copie prise au cabinet des médailles : « J'ai gravé encore une médaille pour M. l'abbé Roman, alors proviseur du lycée de Marseille; pour type le portrait de Bonaparte couronné de laurier ; pour légende : *Hic vir*. Virg. Revers : une couronne de laurier. Au milieu : Lycée de Marseille, 1805. » Poize ajoute en marge : « Cette médaille n'a pas été frappée par suite du changement ou destitution de M. Roman. Les coins sont restés audit lycée, je n'en possède qu'un cliché en étain. »

## PENSIONNATS

Dès la création du lycée, gravitèrent autour de lui bon nombre de pensionnats ou institutions secondaires libres, la plupart excellents et d'où sortirent quelques brillants élèves ( ainsi Emile Ollivier, du pensionnat Spiès). Faisons revivre quelques noms de ces maisons, satellites ou vassales du lycée, qui furent pour lui une force réelle :

1808 : MM. Camoin, rue de la Darce ; Dessene, rue Bernard-du-Bois ; Bisot, rue des Feuillants ; Cauvière, boulevard Bonaparte ; Ferry, près de l'église des Réformés ; Sicard, rue Tapis-Vert ; Odossaint, professeur de mathématiques, rue Curiol ; Rambaud, professeur d'hydrographie, rue des Repenties.— 1824 : Turc, Castellan.— 1825 : Patot, Turc, Castellan, Daumont, Silvy, Fery.— 1826 : Les mêmes.— 1827 : Les mêmes et Chopard. — 1829 : Les mêmes. — 1829 : Les même et Donadey. — 1830-34 : A peu près les mêmes. — 1835 : Chopard, Patot, Donadey, Daumont, Poussel, Caudières. — Charrier, Fruchier, Silvy.— 1836 : Ajouter Rodolosse. — 1837 : Les mêmes. — 1838 : Les mêmes, plus Pelaud, Gueyraud. — 1839 : Id., et Cadaux.— 1840 : Les mêmes. — 1841 : Ajouter Brun, Diouloufet. — 1842 : Caudières, Brun, Donadey, Patot, Rey, Laurens, Cadaux, Chopard, Diouloufet. — 1843 : Id., et Roure. — 1844 : Id., plus Baux, Gleise, Liautaud. — 1845-46 : Les mêmes. — 1847 : Id., et Champsaur. — 1848-49 : Id., et Cunisset. — 1850 : Id., et Spiès. — 1851 : Id., et Silvestre.

Dans la seconde moitié du siècle, la plupart tendent à disparaître l'un après l'autre. De 1852 à 1862, nous relevons d'autres noms : Rouland, Giraud, Philippi, Hugues, Belon, Dupuy ; les plus florissants sont toujours Daumont, Spiès, Donadey, etc.; mais le bon renom et la prospérité de ces vieilles et sérieuses maisons d'éducation peu à peu s'évanouissent : elles font place à de vulgaires *marchands de soupe*, s'il est permis de se servir de l'argot des *potaches*. A l'exception de deux ou trois qui se respectent, ce ne sont plus que des *boîtes* où l'on *retape* les *retoqués* des divers *bachots*... — De 1863 à 1897, nous relevons encore les pensionnats Bellon, Spiès, Donadey, Daumont, Provensal, Jamet (1868-72), Delibes, Rebitté, institution Phocéenne, Airaud, Gauthier, Patot, Saint-Paul, Fleury, abbé Cauvin, Trabaud, Champsaur, Minet, Dusserre-Telmon, Millous, Bressy, etc. ; dans les dernières années, leurs noms ne figurent même plus au palmarès. De 1865 à 1897, pris entre une double concurrence (officielle et congréganiste), les établissements libres laïques ont décliné rapidement, et le mal est sans remède.

# III

# LES ÉTUDES

« Nul bien sans peine. »
PIERRE PUGET.

PLAN DES ÉTUDES, PROGRAMMES; RÈGLEMENTS ( PROFESSEURS ET
ÉLÈVES ); EXAMEN DE PASSAGE; BACHELIERS. — DISCIPLINE. —
RÉFORMES DE 1890 ; COMPARAISON AVEC LE PASSÉ. — ENSEIGNEMENT
PRIMAIRE, CLASSIQUE, SPÉCIAL OU MODERNE, SUPÉRIEUR. —
PROFESSEURS DU LYCÉE AUX COURS DE JEUNES FILLES.

---

Le *plan d'études* étant applicable à tous les lycées et collèges, nous
n'avons garde d'émettre en courant une opinion quelconque sur la
valeur de mesures générales qui ne regardent pas spécialement notre
lycée.

A quoi bon, d'ailleurs, discuter sur le nouveau *programme* succé-
dant à tant d'autres depuis un demi-siècle ? Depuis la trop fameuse
bifurcation du ministre Fortoul et les multiples programmes édictés
par V. Duruy, jusqu'aux programmes officiels des 28 janvier et 12 août
1890, on n'a que trop fait d'expériences *in anima vili*... Pour le seul
enseignement spécial, le premier programme de 1863, qui devait
être définitif en 1867, fut à deux reprises remanié, transformé et de
beaucoup simplifié.

Tout programme est critiquable : s'il est admis que tant vaut
l'homme, tant vaut la terre, de même on peut soutenir que tant vaut
le maître, tant vaut le programme; il ne s'agit plus que de savoir
l'interpréter. Nos élèves furent un moment bien surpris et presque
découragés en se voyant l'objet de fréquentes expériences : la sage et
conservatrice Université semblait vouloir marcher avec le siècle et
se lancer enfin dans la voie des *réformes*. Les divers essais furent
accueillis ici sans enthousiasme, mais avec soumission. A certaine
époque, professeurs et maîtres eux-mêmes furent convoqués en
assemblée générale pour en discuter; la bonne volonté de rompre

avec la routine était évidente ; on admettait la légitimité et l'opportu-
nité de certaines réformes ; de nouveaux *règlements* concernant
*professeurs et élèves* furent encore publiés ; des circulaires prescri-
vaient plus de sévérité dans les *examens de passage* d'une classe à
l'autre, surtout d'une division à une division supérieure ; or, dans la
pratique, il a toujours fallu se relâcher d'une rigueur pourtant
nécessaire. Il a été question aussi de supprimer les examens du
baccalauréat ; mais quelle sanction plus sérieuse donner à la fin des
études ? Quel nouveau parchemin remplacerait l'ancien ? Sur quelles
bases les administrations publiques et privées établiraient-elles le
mérite respectif des postulants ou candidats ? Graves questions
provisoirement demeurées sans solution... Les maisons d'éducation
s'efforcent d'élever le niveau de l'enseignement, se défendent de ne
préparer que des *bacheliers*, non des hommes ; malgré tous les bons
vouloirs, le baccalauréat est demeuré comme un mal nécessaire.

Il est vrai que, pour répondre aux exigences des programmes, on a
multiplié les matières de l'enseignement : dans ces derniers temps n'y
a-t-on pas inséré l'étude de l'hygiène, de la topographie, de l'économie
politique, du droit, de la peinture ?... Passe encore pour la gymnastique, l'escrime, le tir, l'équitation, exercices justement prônés en
Angleterre et qui constituent d'agréables et saines distractions aux
sérieuses études ; mais où s'arrêtera-t-on dans cette voie ?

En somme, grâce aux méthodes perfectionnées et abrégées, les
difficultés se trouvent singulièrement aplanies, les maîtres conduisent
leurs élèves comme par la main et, s'il est permis de s'exprimer
ainsi, leur *mâchent* la besogne. D'ailleurs, nos jeunes gens ne semblent
point peiner plus qu'autrefois : nullement effrayés des exigences du
moment, décidés à rejeter tout fardeau par trop écrasant, sans doute
ils se disent comme l'âne de la fable :

> Me fera-t-on porter double bât, double charge ?

A la suite du décret du 4 juin 1891 parurent le plan d'études et
les derniers programmes de l'enseignement spécial, qui, à partir de ce
jour, prit le nom d'Enseignement secondaire moderne, d'aucuns
eussent préféré le mot *français.* Les programmes furent prescrits par
arrêté du 15 juin 1891. Aujourd'hui, les programmes classiques sont
non seulement en harmonie, mais presque identiques à ceux de
l'Enseignement moderne ; par exemple, nulle différence entre le cours

d'histoire de troisième classique et celui de quatrième moderne; c'est la même méthode, le même esprit d'enseignement, et souvent aussi le même personnel.

## DISCIPLINE

« Il faut toujours commencer par essayer de la douceur, avertir plusieurs fois, donner un temps suffisant pour qu'on puisse se corriger, et ne jamais prendre, comme on dit, les gens en trahison.

« Pour bien conduire vos élèves, il ne les faut pas traiter de la même manière : il faut avoir une conduite proportionnée aux divers caractères; il faut une conduite ferme, mais il ne faut point trop gronder... »
(Mme de MAINTENON ; édition Gréard.)

Quoique tous les mouvements se fassent au roulement du tambour, la discipline lycéenne de la fin de ce siècle, très éloignée de la rigueur militaire, est plutôt paternelle ; le lycée a horreur de l'obéissance passive, ne s'applique point à briser les volontés et respecte même chez l'enfant la liberté et la dignité humaines.

Avant 1865, une discipline plus sévère régnait au lycée. Les repas se prenaient rapidement, au milieu d'un morne silence ; dans les rangs, on était tenu de marcher au pas et silencieux. Il y avait les petites et les grandes retenues les jeudis et dimanches au soir, avec, tout le temps, écriture sous la dictée; longs pensums à faire dans l'intervalle des classes; finalement le séquestre ou cachot avec pensum, avant-coureur de l'exclusion du lycée, et l'on ne pouvait rentrer dans aucun autre lycée.

Les tableaux d'ordre du jour du parloir et les cahiers d'honneur furent quelque temps d'un usage général. Pour les récompenses de classe, une plus grande initiative était laissée au professeur ; mais ces habiles pratiques, imitées des Jésuites, et que le bon Rollin ne dédaigne point dans son *Traité des études*, peu à peu tombèrent en désuétude.

Le système est changé maintenant : le vieux Montaigne, s'il ressuscitait, serait dans la joie. « Entre aultres choses, disait-il, cette police de la plus part de nos colleges m'a tousiours desplu : on eust failly, à l'adventure, moins dommageablement, s'inclinant vers l'indulgence. C'est une vraye geaule de ieunesse captive : on la rend desbauchee, l'en punissant avant qu'elle le soit. Arrivez y sur le poinct de leur office; vous n'oyez que cris, et d'enfants suppliciez, et de maistres enyvrez en leur cholere...»

La discipline actuelle non seulement proscrit tout châtiment corporel, mais elle considère avec raison la punition comme le dernier des moyens d'éducation. Elle recommande « la mise en œuvre patiente, obstinée, systématique de la raison et des sentiments moraux ». On ne saurait nier l'excellence de ce système, au moins au point de vue théorique; mais il en est des systèmes de discipline comme des programmes. Ils ne valent que par la manière de les appliquer, et surtout par les milieux où s'exerce leur action. Si la réforme de 1890, dont M. Henri Marion a été un des principaux promoteurs, n'a pas encore porté tous ses fruits, si elle a paru aboutir dans quelques établissements à un relâchement de la discipline, c'est que ce relâchement est dans les mœurs et que, malheureusement, l'autorité de la famille ne vient pas toujours en aide à celle des éducateurs.

Il serait, d'ailleurs, inexact de dire que cette réforme a supprimé toute punition. L'échelle en est assez étendue, savoir : 1° la mauvaise note; 2° la leçon à rapprendre; 3° le devoir à refaire; 4° le devoir extraordinaire; 5° la retenue du jeudi et du dimanche; 6° la privation de sortie; 7° l'exclusion de la classe ou de l'étude; 8° l'exclusion temporaire ou définitive de l'établissement.

Le proviseur a le contrôle de toutes les punitions. En outre, il est institué un conseil de discipline, composé du proviseur, président, du censeur, d'un surveillant général, de cinq professeurs et de deux répétiteurs. Ce conseil, qui a l'avantage d'associer les professeurs et les répétiteurs à la direction morale de l'établissement, est consulté dans toutes les affaires disciplinaires de quelque gravité.

En somme, à part la privation de promenade et le séquestre qui visaient uniquement les internes, les punitions aujourd'hui autorisées ne diffèrent pas sensiblement de celles instituées par l'arrêté de 1854 que nous donnons ci-dessous pour mémoire. Quant aux récompenses, elles n'ont pas varié.

1854. — Punitions. — 1° Mauvaise note; 2° retenue avec tâche extraordinaire pendant une partie de la récréation ; 3° retenue avec tâche extraordinaire pendant une partie du temps destiné à la promenade ; 4° exclusion momentanée de la classe ou de la salle d'études, avec renvoi devant le proviseur; 5° privation de sortie chez les parents; 6° mise à l'ordre du jour du lycée ; 7° arrêts avec tâche extraordinaire dans un lieu isolé, sous la surveillance d'un maître ; 8° exclusion du lycée.

N. B. — Les quatre premières punitions peuvent être prononcées par le censeur, les professeurs, les surveillants généraux et les maîtres répétiteurs ; les quatre dernières ne peuvent l'être que par le proviseur.

RÉCOMPENSES. — 1° Bonne note ; 2° mise à l'ordre du jour de la classe ou de l'étude; 3° satisfecit de 3°, de 2° ou de 1" ordre; 4° sortie de faveur; 5° prix accordé en échange d'un certain nombre de satisfecit ; 6° mise à l'ordre du jour du parloir ; 7° prix d'excellence décernés à Pâques et prix décernés à la distribution solennelle de la fin de l'année scolaire.

OBSERVATIONS. — Outre les récompenses indiquées ci-dessus, il est d'usage, dans certains lycées, de transcrire sur un cahier spécial les devoirs des élèves qui en ont été jugés dignes par les professeurs. De plus, dans beaucoup de lycées, les six premiers élèves dans chaque composition sont placés sur un banc particulier qui s'appelle le *banc d'honneur*. — Au lycée de Marseille, « une discipline vigilante habitue les élèves à l'esprit d'ordre, à la propreté, à la politesse et au respect d'eux-mêmes et des autres. Tout élève reconnu dangereux pour la moralité ou le maintien de la discipline est écarté de la maison. »

En réalité, l'Université semble toujours s'inspirer de cette sage parole d'un grand ministre :

« Les Ecoles de l'Etat ne reçoivent en dépôt les enfants des citoyens que pour les rendre un jour à la famille et à la patrie non seulement plus instruits, mais plus dévoués et meilleurs. » (M. VILLEMAIN, *discours*, 16 août 1841.)

## ÉCOLE PRIMAIRE ANNEXE

En 1852-53, M. le proviseur B. Jullien établit une école primaire, puis classe primaire, avec deux divisions. Etablie tout d'abord à titre d'essai, elle fut simplement autorisée à fonctionner dans un local fourni par le lycée ; les maîtres (MM. Bolez — papa Bolez — et Gariel ; et bientôt Pelletier, Guien, Méric, Sallicetti, etc.), non pourvus de nomination, percevaient pour leur compte la rétribution scolaire : dans cette sorte d'école privée, M. Jullien avait pourtant voulu créer la pépinière du grand lycée (1).

(1) V. Appendice, note 9.

Cela dura cinq ans ; sous M. Courtade, l'avenir de l'école paraissant assuré, elle fut reconnue comme véritable annexe de l'établissement, les maîtres reçurent une nomination avec traitement, et la rétribution fut perçue par la caisse du lycée. Dix ans après sa fondation, en août 1862, l'école primaire comptait six maîtres dans quatre divisions.

Sous M. Grenier, l'école compta cinq classes, dont deux préparatoires à la huitième et un effectif d'environ cent élèves. L'administration s'en occupait fort peu ; le local trop étroit n'était pas fait pour attirer beaucoup d'élèves : aussi l'effectif demeurait-il stationnaire.

Le proviseur Gossin parut s'en occuper un peu plus ; mais toutes ses réformes n'aboutirent qu'à un surcroît de service pour les maîtres déjà surchargés avant son arrivée. Il en confia la surveillance générale à M. Astrié, lequel fit participer tous les externes aux exercices de gymnastique et remplacer par des becs de gaz les lampes fumeuses des études. Le proviseur Lair, qui cependant ne fit que passer (5 avril-28 juin 1880), parut s'intéresser beaucoup à ce petit peuple ; il y faisait de fréquentes visites et songea le premier à adoucir le sort des maîtres. L'honorable et actif proviseur Gallerand, qui lui succéda, fit mieux encore : il soulagea considérablement les maîtres au point de vue du service de surveillance qui les avait écrasés sous les régimes précédents ; l'école abandonna ses vieilles classes si incommodes (1882) ; la même année, une femme de service spécialement attachée aux classes primaires, fut chargée de donner aux enfants les soins matériels : aussi cette année-là l'effectif de l'école atteignit le chiffre de cent cinquante élèves. L'année suivante (1883), à la suite d'une circulaire du ministre Duvaux, une classe enfantine pour les tout jeunes enfants fut créée, et la direction confiée à une dame.

Sous M. Dalimier, l'école continue à prospérer ; en 1886, l'effectif atteint le chiffre de deux cent vingt élèves, chiffre qui s'est toujours maintenu depuis lors. Le proviseur Fitremann fit créer une nouvelle classe de neuvième ; M. Frétillier, une deuxième classe enfantine ; enfin le proviseur A. Morlet fit nommer une maîtresse répétitrice chargée de la surveillance, en étude et en récréation, des tout petits enfants.

L'école compte actuellement (juin 1897) huit classes et un total de deux cent cinquante élèves ; les maîtres qui les dirigent sont tous très anciens dans l'établissement.

## ENSEIGNEMENT SECONDAIRE SPÉCIAL

> « Il faut que chacun apprenne
> de bonne heure tout ce qui peut
> le faire réussir dans la profession
> à laquelle il est destiné. »
>
> VOLTAIRE.

L'organisation des premiers cours spéciaux de commerce et d'industrie remonte à l'année 1833 et doit être attribuée au proviseur A.-A. Deschamps. Notre collège royal se montrait ainsi plus avancé que son temps. Ces cours ont porté cinq dénominations différentes : cours spéciaux de commerce et d'industrie, comprenant deux années, l'enseignement, fait par les mêmes professeurs de l'enseignement classique (Advinent, Toulouzan, Souchères, Rey, Guiol, Monteggia, Heinemann, Salze, Guis, Clément), se composait de la langue française, histoire et géographie, chimie et histoire naturelle, arithmétique commerciale, trois langues étrangères (allemand, anglais, italien, — l'arabe même), dessin, écriture... *(Nil novi sub sole...)* Ces cours prirent vite une large place dans l'enseignement du lycée, et la population ne cessa de s'accroître. En 1834, les élèves devinrent très nombreux : plusieurs venaient de Smyrne, de Palerme, de Naples, de Scio, de Constantinople, de Pondichéry... On avait dû y établir deux années d'anglais, deux d'italien ; le grec moderne fut ajouté. En 1835, il y eut trois années de cours ; en 1897, il y en a six.

En 1852, ces cours s'appelaient : École de commerce et d'industrie. En 1863, ils avaient nom : Cours préparatoire au commerce et à l'industrie. En 1864, ils s'appelaient : Cours commerciaux et industriels. Grâce à M. Granet, professeur d'histoire, qui fut pour la nouvelle organisation le conseiller et confident du célèbre ministre M. Victor Duruy, ces cours de français furent radicalement transformés : ils prirent, d'après la loi du 21 juin 1865, la dénomination d'Enseignement secondaire spécial ; la commission du Corps législatif avait proposé l'appellation d'Enseignement secondaire français ; un décret du 26 août 1865 établit un Conseil supérieur de perfectionnement pour le nouvel enseignement. Au 31 décembre 1865, il comptait ici deux cent quarante élèves, soit le quart de la population entière du lycée. Le 6 avril 1866, le ministre créa l'École normale spéciale de Cluny, releva les traitements des maîtres, créa l'agrégation spéciale, institua des bourses, refondit deux fois les programmes, etc. Les cours comprirent cinq années, dont une préparatoire, et, plus tard, une année complémentaire.

Depuis 1891, les professeurs ont été assimilés à leurs collègues de l'Enseignement secondaire classique (cela n'a pas été sans luttes...); en 1892, le programme ayant été une troisième fois remanié et simplifié, ces cours ont pris définitivement (?) le nom d'*Enseignement secondaire moderne*. On y enseigne, (outre les langues vivantes anglais, italien, allemand, arabe, grec moderne, — en attendant l'espagnol), la langue française, les mathématiques (arithmétique, géométrie, algèbre), physique et chimie, histoire naturelle, littérature française, comptabilité, morale pratique, droit et économie politique, dessin d'imitation, modelage, etc... On y compte aujourd'hui (1897) dix professeurs agrégés.

## ENSEIGNEMENT SUPÉRIEUR

Le lycée a de continuels rapports avec l'enseignement supérieur, auquel il prépare d'une façon permanente. Pendant de longues années les professeurs de rhétorique (Lanzi, Barnave, Dupré, Vessiot) furent chargés de la préparation des maîtres à la licence ès lettres, tandis que d'autres maîtres suivent régulièrement les divers cours de la Faculté des sciences. Lors de la création de cette Faculté, plusieurs professeurs du lycée furent délégués pour y faire des cours; depuis lors, certains professeurs de sciences (Amigues, Jamet) sont chargés à la Faculté des cours préparatoires à la licence ès sciences mathématiques; les professeurs de la Faculté à leur tour se rendent au lycée pour des *colles* aux candidats aux écoles du gouvernement. Plusieurs anciens maîtres et professeurs du lycée ont passé dans les Facultés (Lafaye, N. Bonafous, Derbès, Rondelet, Marion, Macé de Lépinay, Wallerant, Mathias, Répelin, Masson...). De nombreux et distingués élèves du lycée sont entrés dans les Facultés, où ils parcourent une brillante carrière : Ouvré, Jullian, Castets, Roure, Pélissier, Albert Vayssière, Fabry Eugène, Fabry Charles, R. Bonafous, P. Gourret, etc.

Tous les jeudis, un professeur agrégé d'histoire du lycée (Agabriel, Girbal) va faire à la Faculté des lettres d'Aix un cours de géographie. Ce sont les professeurs des Facultés (auxquels sont adjoints parfois ceux du lycée même) qui examinent les candidats aux divers baccalauréats. Plusieurs membres de l'enseignement supérieur font partie du Conseil d'administration du lycée. Enfin, les visites périodiques des inspecteurs de l'Académie et du recteur produisent sur les maîtres et les élèves le meilleur effet.

Comme conclusion, il est à souhaiter, dans l'intérêt même de l'enseignement, que les rapports entre les trois groupes du corps enseignant deviennent plus réguliers et plus fréquents, ce que l'on peut espérer moins des injonctions officielles ou des lois que des mœurs et des nécessités sociales; peut-être est-ce là une des nombreuses questions vitales qui regardent l'avenir de notre société démocratique. Un tel vœu n'est-il pas impliqué dans la récente reconstitution des Universités, de cet élément décentralisateur d'essence aussi extensible que compréhensive?... En attendant mieux, l'on a adopté, pour désigner l'Université de Provence, la bizarre dénomination d'Université d'Aix-Marseille, ce qui ne satisfait personne et n'est point une solution.

## PROFESSEURS DU LYCÉE AUX COURS DE JEUNES FILLES

Par une circulaire du 30 octobre 1867, le ministre Duruy ayant organisé l'enseignement secondaire des filles, les cours furent ouverts, à Marseille, le jeudi 8 janvier 1868, dans l'amphithéâtre de la Faculté des sciences, pour 40 jeunes personnes; le mardi 28 janvier, le chiffre des inscriptions fut de 62. Les professeurs du lycée qui firent des cours étaient : MM. Ernest Delibes (histoire), Vessiot (littérature), Bayan (mathématiques), Mommet (chimie); plus tard, Fraissinhes, Lechevalier, de Calonne, Amisier, Maillet, Dumas, Prud'hon, etc.

Le Conseil municipal vota un crédit pour la création de dix bourses, crédit renouvelé le 4 mars 1870, continué le 18 novembre 1873; en outre, dans cette dernière séance, il demande, pour l'année scolaire 1874-1875, que les cours soient confiés à les professeurs du lycée de Marseille.

Cet enseignement se donna quelque temps (avant et après la guerre) dans le local de l'ancienne préfecture, rue Montgrand, 15, où s'installa

ensuite le Cercle Artistique. L'ouverture du collège de jeunes filles
eut lieu le 3 novembre 1886, rue Duguesclin, 10 (entrée par la rue
Barthélemy); lors de son installation par l'inspecteur d'académie
Beurier, de nouveaux professeurs du lycée y firent des classes :
MM. Agabriel (histoire et géographie), Arnaud (littérature), Jouffret
Michel (morale), Pressoir, puis Fraïssé (grammaire et latin), Meneau
(allemand), Poggiale (italien), Deleveau (physique et chimie), Dellac
(cosmographie). L'érection du collège en lycée de jeunes filles fut
décidée dans les séances du Conseil municipal des 7 février et
2 décembre 1890. Le lycée de jeunes filles, dirigé par M^lle Bertrand
(Lydie), rue Montgrand, 13, fut ouvert le 1^er octobre 1891. Les seuls
professeurs qui y professent encore (juillet 1897) sont : MM. Jouffret,
Fraïssé, Poggiale et Breyton.

Il a été décidé, à la fin de juin 1897, que la durée des classes, dans
les lycées et collèges, serait ramenée uniformément à deux heures,
comme par le passé. L'expérience des classes d'une heure et demie,
dit un journal à ce propos, n'a pas été satisfaisante.

Le 23 juillet 1897, le proviseur informait les familles que M. le
Ministre a autorisé l'institution, au lycée, d'une préparation à l'Ecole
supérieure de commerce de Marseille ou à l'École des hautes études
commerciales de Paris. Le nouveau cours comportera deux années.
Outre les candidats aux écoles précitées, il pourra recevoir tous les
élèves qui, ne visant pas au baccalauréat, se destinent plus spécialement aux carrières du commerce, de l'industrie, de la marine
marchande, etc. Un certificat d'études sera délivré par le lycée, à la
fin de la deuxième année, à tous les élèves qui auront satisfait aux
examens de sortie.

IV

# LE PERSONNEL

LE PERSONNEL ENSEIGNANT. — ADMINISTRATION : ARCHIVES ; PROVI-
SEURS, CENSEURS, DIRECTEURS. — LES ANCIENS MAITRES OU PROFES-
SEURS ; PROFESSEURS PASSÉS DANS LES FACULTÉS ; NORMALIENS ;
DOCTEURS ÈS LETTRES OU ÈS SCIENCES, AVEC LES TITRES DE LEURS
THÈSES.

## L'ADMINISTRATION

L'aile gauche du principal bâtiment est tournée au levant, avec des
fenêtres ouvertes au nord, à l'est et au midi. Ce corps de logis,
comprenant trois étages, est occupé par l'administration ; cette
partie est demeurée intacte : à l'entresol, le bureau de l'économat ;
au premier les appartements et le cabinet du proviseur, centre d'où
rayonne la vie jusqu'aux extrémités, relié par téléphone à la cour des
externes, ainsi qu'au petit lycée de la Belle-de-Mai ; au second habite
le censeur ; le troisième est dévolu à l'infirmerie. Là depuis quatre-
vingt-seize ans se sont succédé 22 proviseurs, 38 censeurs, 13 éco-
nomes.

**Proviseurs.** — Abbé ROMAN, ancien oratorien, 22 décembre 1802-
19 septembre 1804. — REBOUL, 17 septembre 1804-1810. Mort en avril
1816. — VERBERT, 1810-1814. — DUBRUEL, 1814-10 octobre 1816 (1re
Restauration). — TRANCHANT, 16 octobre 1816-3 novembre 1821. —
Abbé DENANS 7 novembre 1821-23 septembre 1823. — Abbé BONNAFOUS,
23 septembre 1823-30 septembre 1830. — DESCHAMPS, 25 septembre
1830-27 août 1840. — FERROUIL DE MONTGAILLARD, 27 août 1840-9
août 1850. — JULLIEN, 30 août 1850-24 août 1854. — COURTADE, 24
août 1854-10 mars 1864. — JOGUET, 21 mars 1864-5 août 1865. —
GRENIER, 16 août 1865-7 août 1877. — GOSSIN, 7 août 1877-mars 1880.
— ASQUER, mars 1880-5 avril 1880. — LAIR, 5 avril 1880-28 juin 1880. —
GALLERAND, 28 juin 1880-27 décembre 1883. — DALIMIER, 27 décembre 1883-7 septembre 1889. — FITREMANN, 13 septembre 1889-14

4

août 1890. — Frétillier, 14 août 1890-30 décembre 1892. — Morlet, 30 décembre 1892-1" janvier 1895. — Guigon, 1" janvier 1895 (en
fonctions le 1" août 1897).

**Censeurs.** — Reydellet, 22 décembre 1802-19 septembre 1804. —
Raynal, ancien bénédictin, 19 septembre 1804-24 septembre 1810. —
Abbé de Saint-Chamas, 24 septembre 1810-17 février 1815. — Tranchant, 17 février 1815-10 octobre 1816. — Abbé Denans, 18 octobre
1816-29 septembre 1821. — Abbé Calmetz, 1" octobre 1821-22 juillet
1822. — Lecomte, 22 juillet 1822-27 novembre 1823. — Abbé Bousquet, 23 septembre 1823-19 septembre 1829. — Mondelot, 12 septembre 1829-21 septembre 1830. — Méline, 21 septembre 1830-27
septembre 1835 (en congé depuis juillet 1833). — Giscaro, 23 juillet
1834-10 septembre 1846. — Doucin, 1" octobre 1846-7 septembre 1847.
— Petibon, 7 septembre 1847-29 mai 1848. — Denis, 29 mai 1848-13
septembre 1852. — Cournuéjouls, 13 septembre 1852-18 janvier 1856.
— Perbosc, 18 janvier 1856-28 mars 1859. — Dujol, 2 mai 1859-22
août 1862. — Chanson, 26 août 1862-9 septembre 1863. — Touraille,
9 septembre 1863-29 novembre 1866. — Mazuel, 30 janvier 1867-16
septembre 1867. — Condé, 2 septembre 1867-11 août 1869. — Mogniat-
Duclos, 23 août 1869-11 septembre 1872. — Gossin, 10 septembre
1872-18 septembre 1874. — Laigle, 19 septembre 1874-22 août 1876.
— Lecadet, 22 août 1876-25 septembre 1878. — Grandvaux, 27 septembre 1878-14 août 1879. — Lespès, 14 août 1879-12 novembre
1879. — Igier, 12 novembre 1879-2 août 1881. — Morlet, 12 août
1881-7 août 1882. — Tourettes, 7 août 1882-8 avril 1886. — Palette,
8 avril 1886-22 août 1888. — Harter, 22 août 1888-29 avril 1889. —
Drevon, 29 avril 1889-14 août 1890. — Schwartz, 14 août 1890-26
septembre 1890. — Silvestre, 1" octobre 1890-28 mars 1891. —
Chevrier, 28 mars 1891-1" janvier 1793. — Forgues, 1" janvier 1893-
24 avril 1897. — Chaudoin Marius, censeur adjoint, 1894. — Planté,
4 mai 1897 (en fonctions le 1" août 1897).

**Economes.** — L'abbé Martin, 13 octobre 1804-1" juillet 1831. —
La Galonnais, 2 juillet 1831-17 mai 1832. — Duvivier (économe provisoire) 18 mai 1832-10 juillet 1832. — Nitard, 11 juillet 1832-24
janvier 1838. — Pascal, 24 janvier 1848-10 juillet 1842. — Bois, 11
juillet 1842-10 octobre 1850. — Bonnefoy, 11 octobre 1850-31 janvier
1858. — Igou, 1" février 1858-30 septembre 1867. — Biget, 1"

octobre 1867-30 juin 1870. — Cluzel, 1" juillet 1870-31 mars 1878.
— Duplaa, 1" avril 1878-30 juillet 1881. — Pelletier, 1" octobre
1881-30 juin 1885. — Tanesse, 1" juillet-15 septembre 1886. —
Lamarre, 16 septembre 1886-30 septembre 1890. — Coltelloni, 1"
octobre 1890-22 juillet 1897. — Aubril (économe du lycée de Nîmes),
22 juillet 1897 (en fonctions).

Les treize *directeurs* ou censeurs adjoints qui se sont succédé depuis
1863, au petit lycée, sont : MM. Canet B., 5 août 1863-12 septembre
1864. — Cabanel, 12 septembre 1865-19 septembre 1874. — Denis,
19 septembre 1874 septembre 1878. — Astrié, 27 septembre 1877-11
juin 1880. — Morlet, 11 juin 1880-12 août 1881. — Baudel, 12 août
1881-7 août 1882. — Soulages, 7 août 1882-17 septembre 1888. —
Pluzanski, 17 septembre 1888-13 août 1889. — Schwartz, 13 août
1889-14 août 1890. — Roy, 14 août 1890-17 mars 1893. — Paret,
17 mars 1893...... — Kieffer, 1895-5 août 1997.

Le lycée, créé avec 151 boursiers, avait en moyenne, de 1808-1809
à 1813 : 293, 8 élèves (maximum 342 en 1811 ; minimum 262 en 1809) ;
de 1809 à 1830, moyenne : 326, 4 (maximum 411 en 1825 ; minimum
218 en 1818) ; de 1831 à 1842-43, moyenne, 419, 4 (maximum 506 au
1" décembre 1842 ; minimum 397 en 1833).

Statistique de 1865 : 967 (dont 92 pour le petit lycée) ; en voici le
tableau :

| | | |
|---|---|---:|
| Au 31 décembre 1865, boursiers du gouvernement............... | | 10 |
| » | départementaux ............. | » |
| » | communaux................. | 39 |
| » | par fondations particulières... | » |
| » | pensionnaires libres.......... | 148 |
| » | demi-pensionnaires .......... | 173 |
| » | externes surveillés........... | 66 |
| » | » libres.......... ..... | 387 |
| » | des établissements libres..... | 52 |
| | Total..... | 875 |
| Petit collège : boursiers du gouvernement........ | | 3 |
| » | communaux ............. | 6 |
| » | pensionnaires libres....... | 83 |
| | Total..... | 92 |
| | Total général..... | 967 |

Statistique de 1876 :    973 (dont   70 pour le petit lycée)
»          1887 : 1606  »  140     »        »
»        décembre 1893 : 1663 élèves.

**Ancien personnel.** — En 1809 :  proviseur, REBOUL ; censeur,
RAYNAL ; aumônier (1), GARAGNON ;  médecin, CAUVIÈRE ; chirurgien,
DELACOUR ; professeurs de belles-lettres latines et françaises, MÉVOLHON,
BONASSE, BRUNET, HANNOTIN, VASSE, NICOLAS, DAUBUISSON, BLANPAIN ;
maître d'escrime, MEUNIER.

Voici les noms des principaux professeurs du collège royal dans
l'espace de dix années (1824-33) :

1824 : Philosophie, MM. JOSSAUD ; physique et chimie, DURRANDE :
mathématiques spéciales, DARIER ; rhétorique, BRUNET, GUICHEMERRE ;
seconde, DESCHAMPS : troisième, HAZARD ; quatrième, CAVALLIER ;
cinquième, GISCARO ; sixième, MORLY DE SAINT-ERME ; septième, REY ;
huitième (2 div.), REGY, RODOLOSSE.

Le latin enseigné dès la huitième, le grec en quatrième ; il y avait en
quatrième des prix de version grecque et de latin ; de la géographie
seulement en sixième ; on n'abordait l'histoire qu'en cinquième ;
l'arithmétique et la géométrie seulement à partir du cours de mathématiques élémentaires ;  mais il y avait une classe élémentaire
d'arithmétique.

1825 : Philosophie, abbé GUIEN ; rhétorique, BISSIÈRE, suppléant.
Pour les autres classes, les mêmes professeurs.

1826 : *Idem ;* septième, REY et TRANOIS ;  huitième, RODOLOSSE,
GATINOT.

1827 : Physique, SALZE ; mathématiques préparatoires, SOUCHÈRE ;
cinquième (2ᵉ div.), ADVINENT ; sixième (2ᵉ div.), ANDRÉ ; septième
(2ᵉ div.) GEOFFROY ; dessin, GUIS ; écriture, CLÉMENT.

1828 : Quatrième (2ᵉ div.), PONS ; huitième, DOLQUES, chargé des
deux divisions.

1829 : Rhétorique, BISSIÈRE, professeur agrégé ; huitième (? div.)
l'abbé BAUDE.

1830 : Rhétorique, REYNAUD ; sixième (2ᵉ div.), DOLQUES.

1831 : Philosophie, DUNOYER ; mathématiques spéciales, SOUCHÈRE ;

---

(1) Le 19 brumaire an XI, le Gouvernement avait ordonné qu'il y aurait une
*aumônerie* dans chaque lycée.

histoire (5 classes), Pons ; huitième (2 div.), Coulon ; quatrième, Cavallier et Regy ; cinquième, Trastour et Mostolat.

1832 : Mathématiques spéciales, Darier ; quatrième (2ᵉ div.), Borrely ; histoire (2 classes), Toulouzan , cinquième (2ᵉ div.) Monbet, agrégé ; huitième (1ʳ et 2ᵉ div.), Achintre ; mathématiques préparatoires, Advinent.

Dès 1832, le lycée a deux professeurs d'histoire ; 1833 ; les mêmes ; 1834 : cinquième, Trastour seul ; sixième, Morly de Saint-Erme seul. — Pour les autres cours, les mêmes titulaires.

Tels sont les seuls changements opérés en onze ans dans le personnel enseignant. Il semble qu'on peut signaler alors des symptômes de décadence : la population lycéenne diminuant, certaines chaires sont supprimées. Nous avons pensé qu'il serait aussi intéressant de rappeler quel était le personnel complet du lycée il y a un demi-siècle ; nous avons, en 1857, connu 13 de ces maîtres.

En 1850, il comprenait : proviseur, F. de Montgaillard ; censeur des études, B. Denis ; philosophie, l'abbé Barret ; rhétorique, Rébitté ; instruction religieuse, l'abbé Gautier, aumônier ; mathématiques spéciales, Mourgues ; physique spéciale et chimie, Mermet ; mathématiques élémentaires, Mondot ; mathématiques élémentaires (2ᵉ div.) Rousset ; histoire naturelle, Derbès ; rhétorique et philosophie supplémentaires, Dalques ; histoire, Cahuzac ; seconde, Lanzi ; troisième (1ʳ div.), Borrély ; (2ᵐᵉ div.), Réaume ; quatrième (1ʳ div.), Philippi ; histoire, Delibes (le seul survivant en 1897) ; cinquième (1ʳ et div.), Tamisier ; (2ᵉ div.), Rinn ; sixième (1ʳ div.), Degoy ; (2ᵉ div.), Maréchal ; septième (1ʳ div.), Régy ; (2ᵉ div.), Courbassier ; huitième, Gasc, maître élémentaire.

Enseignement spécial : 1ʳ année, Dolques, Rousset ; 2ᵉ année, Roubion, Bordet ; 1ʳ année, Bordet, Coulon ; calligraphie, Crozals ; arabe, Sakakini ; allemand, Weil ; dessin, Debard ; musique, Théveneau, maître.

Total : 33 fonctionnaires en 1850 (98 en 1897).

— Sans entrer dans le détail des différents cours préparatoires aux grandes écoles (Polytechnique, Saint-Cyr, Centrale, Forestière, Normale, etc.), on ne saurait omettre que le cours de mathématiques spéciales a été fondé en 1804 (1), et que depuis ce temps jusqu'à nos jours les distingués professeurs de ce cours furent :

(1) Voir note 5 à l'Appendice.

1807, MM. Suzanne. — 1824, Darier. — 1831-41, Souchères. — 1842, Lecaplain. — 1843, Souchères. — 1844, Bouquet. — 1845-46, Souchères. — 1844, Mourgues. — 1848-49, Mondot. — 1850, Mourgues. — 1851, Mondot. — 1852, Mourgues. — 1853, Gisclard. — 1854-58, Valson (physique, Mermet). — 1859-69, Bayan (etc.). — 1870-79, Rouquet; (phys., Maréchal, etc.) — 1880-97, Amigues (physique : Macé de Lépinay, Bibart, Dybowski, Banet-Rivet, Mathias, Poincaré, Ch. Fabry, Gamet, Devaud, etc.)

M. J. Amigues en fonctions le 1er juillet 1897. Ce professeur (hors cadre) est chevalier de la Légion d'honneur et membre du Conseil supérieur de l'Instruction publique. En août il a été nommé proviseur du lycée de Toulon.

**Langues vivantes.** — Divers cours de langues ont été professés au lycée, de 1824 à 1898. Le premier fondé (1816-1824) fut le cours d'*arabe*, professeur : Taouil ; interrompu de 1826 à 1829, repris par le même, continué de 1837 à 1846 par Eusèbe de Sales ; en 1838-1839, suppléant, l'abbé Bargès (d'abord élève, devenu depuis professeur d'*hébreu*, au collège de France. De 1846 à 1853, Sakakini, puis Abdou-Moussa (en fonctions en 1897).

*Espagnol* (6 ans), maître d'Aléa, de 1827 à 1830 ; et de 1836 à 1838, maître Montéggia.

*Portugais :* 1830, d'Aléa. — En 1831 et en 1835, un sieur Pesich demande en vain l'érection à son profit d'une chaire de *turc*.

*Grec moderne :* 1re chaire créée en 1834 ; professeurs : Baphiadis, Gripparis, Eustathiadès, Triantaphyllis (1897).

*Italien :* Tola, maître, 1828-1830 ; Montéggia, 1831-1838 ; Saurin, 1839-1853 ; Maccabelli, Poggiale (1897).

*Anglais :* Poppleton, maître, 1828-1830 ; Guiol, 1831-1842 ; Booth, 1843-1857 ; Roux, 1852, etc.

*Allemand :* Heinemann, maître, 1833-1842 ; Zay, 1844 ; Baar, 1845 ; Weil, 1846-1855 ; Opper (dit de Blowitz), 1856-1859 ; suppléant, en 1858, Rector ; Louis Liebermann (de Munich), 1860-1870 ; Bailly, 1880 ; Haberer, Michel Raillard, Meneau, Roeslen, Cart, etc... Dès 1880, les cours de langues vivantes se développent à tel point et les professeurs deviennent si nombreux, que nous devons renoncer à en donner la liste.

En 1897, il y a 13 professeurs de langues vivantes.

## ARCHIVES DU LYCÉE

Nous donnerons sous ce titre une série de notices biographiques et littéraires d'une authenticité incontestable, empruntées pour la plupart aux *Archives* officielles (1).

On nous permettra d'y joindre quelques renseignements, puisés à de bonnes sources, sur nos proviseurs et censeurs les plus estimés, en insistant sur les proviseurs Jullien, Joguet, Grenier, Gallerand, et J. Dalimier. Procédons par ordre chronologique ; et d'abord les proviseurs : à tout seigneur tout honneur !

**Proviseurs.** — Abbé ROMAN. — Le premier proviseur du lycée fut l'abbé Jacques Roman, né à Sisteron le 24 février 1744. Elève de l'Oratoire de Marseille, professeur et supérieur, de 1769 à 1788 ; supérieur de l'Oratoire de Lyon de 1788 à 1790 ; émigré à Turin (1790-1798), puis à Livourne et à Pise ; rentré en France en 1802 et nommé chanoine de Paris ; proviseur du lycée de Marseille, 22 décembre 1802-19 septembre 1804 ; démissionnaire ; archiprêtre de Sainte-Geneviève, 1804 ; official métropolitain de l'archevêché de Paris, 1805 ; inspecteur général de l'Université : 1811 ; recteur de l'académie de Lyon... ; retraite : 17 mars 1816 ; chanoine de la cathédrale d'Aix ; décédé à Aix le 7 juin 1823.

D'après un arrêté du 16 octobre 1802, la municipalité de Marseille devait prendre les mesures convenables pour que le lycée fût pourvu de tout ce qui serait nécessaire à l'installation de cent élèves, le 22 décembre 1802, et cinquante de plus, le 22 mars 1803. Trente élèves du Prytanée (2) de Paris, désignés par le ministre de l'intérieur, furent transférés au lycée de Marseille (3).

REBOUL. - Le second proviseur fut Reboul. Censeur au lycée de

(1) Ch. Fierville, *Archives des lycées, proviseurs et censeurs (1802-1893)*, 1 vol. gr. in-8°, Paris, Firmin Didot, 1894.

(2) C'était, en 1803, le lycée de Paris qui devint une sorte de noviciat où l'on fit passer des enfants attirés de toutes les parties de la République, pour les envoyer ensuite porter des habitudes uniformes dans les autres lycées. — J. Quicherat, *Histoire de Sainte-Barbe*.

(3) Aug. Fabre, *Les Rues de Marseille*, 4, p. 25.

Nîmes : 17 mai 1804-19 septembre 1804 ; proviseur du lycée de Marseille : 19 septembre 1804 au ... 1810.

Le 10 mai 1808, un décret impérial créa 50 bourses au lycée.

Le Conseil municipal, qui, au mois de mai 1808, avait fait pour le lycée des dépenses pour 238.595 fr., ne fut jamais remboursé. Un décret impérial, du 15 novembre 1811, ayant voulu qu'il y eût place au lycée de Marseille pour 300 élèves internes, le Conseil ouvrit au budget de 1813 un crédit de 5.601 fr. pour cette dépense. Mais le nombre des élèves diminua sans cesse, et il était réduit à 118 au commencement de 1812 ; dix ans après, il s'élevait à 197.

Alors, l'Université impériale venait d'être créée (loi du 10 mai 1806, décret organique du 17 mars 1808). Sous l'autorité suprême d'un grand-maître, elle centralisait tout l'enseignement entre les mains de l'Etat. On divisa la France en autant d'académies qu'il devait y avoir de cours impériales. Chacune d'elles était administrée par un recteur assisté d'inspecteurs et d'un Conseil académique.

Verbert. — Troisième proviseur du lycée de Marseille, du... 1810 au... 1814.

« On sait que, dans les lycées qu'avait créés le génie impérial, le régime était tout militaire. Il y avait un capitaine instructeur, des compagnies, des sergents, des caporaux. Les élèves avaient des fusils ; on faisait l'exercice. Le roulement du tambour appelait à la récréation comme à la classe. — Dans les classes, l'enseignement devait être, avant tout, un moyen d'exciter l'enthousiasme des conquêtes et de présenter à l'imagination des jeunes gens la gloire des armes comme le dernier terme de la grandeur humaine :

« On nous parlait sans cesse de l'empereur, a dit un lycéen de ce temps-là ; on en parlait plus que de Dieu. L'aumônier nous faisait réciter le *Catéchisme de l'Empire*, où nous apprenions que nous devions aimer l'empereur, lui obéir, et que, d'après l'Apôtre saint Paul, ceux qui n'obéiraient pas à Sa Majesté l'empereur et roi, et n'éprouveraient pas d'amour pour lui, encourraient la damnation éternelle. On nous apprenait que la France était, quelques années avant notre naissance, en proie à de cruels tyrans, que le sang coulait à flots, que l'empereur était venu, et que tout s'était calmé sous sa main, comme par miracle. Il avait pacifié la France et vaincu toute l'Europe (1). »

(1) Jules Simon, *Mémoires des autres*; Paris, Em. Testard, édit., 1890.

DUBRUEL. — Officier de la Légion d'honneur (1822). — Proviseur du Collège royal de Marseille, de 1814 au 16 octobre 1816; interruption ; proviseur du collège royal d'Orléans : du 8 mai 1817 au 19 juin 1817 ; proviseur du collège royal de Versailles : du 27 juin 1817 au ... 1824.

A la première Restauration (avril 1814), le lycée impérial prit le nom de Collège royal. « On changeait de régime ; il fallait changer de costume. L'habillement des élèves n'eut plus les formes militaires : il consista en un frac gros bleu, avec collet bleu du ciel ; le chapeau à cornes fut remplacé par le chapeau haute forme. Les collèges royaux de la Première Restauration (avril 1814, mars 1815) redevinrent, pendant les Cent Jours (20 mars-8 juillet 1815), des lycées qui furent transformés de nouveau en Collèges du Roi, lorsque se fit le second rétablisssement de la branche aînée des Bourbons. Dans les maisons de l'Université, durant cette période de changements politiques si grands et si brusques, il y eut, qu'on nous passe le mot, un *chassé-croisé* de la cloche et du tambour, de l'habit militaire et du frac, du chapeau rond et du schako (1). »

Un rapport du Conseil général (2), lu à la séance du 5 juin 1816, constate qu'il y avait alors, au Collège royal, sept professeurs pour les langues latine et grecque, un pour la littérature, un pour la philosophie, deux de mathématiques, un de physique, un d'arabe, en tout onze professeurs ; 150 élèves internes, y compris les boursiers ; peu d'externes, à cause des nombreux pensionnats refusant d'envoyer leurs élèves au Collège. M. Tranchant, censeur, y remplaçait le proviseur absent depuis plus d'un an. Le rapport ajoute : « Le local est superbe : situé sur un des plus beaux boulevards de Marseille, il est vaste, commode, isolé et parfaitement bien aéré. Les bâtiments sont bien entretenus, la distribution en est bonne, tous les accessoires d'un semblable établissement se trouvent réunis : il y existe un mobilier considérable et trois cents pensionnaires y seraient facilement placés. » Un autre rapport du Conseil général, du 5 juin 1816, ajoute : « La bibliothèque de Marseille, établie dans un local attenant au Musée, renferme de 36 à 40,000 volumes, dont 2,000 manuscrits plus ou moins précieux. Le gouvernement ne l'oublie point dans ses distributions, car il lui envoie souvent de beaux ouvrages, et elle tient de sa munifi-

(1) J. Delfour, *loc. cit.*
(2) Archives départementales.

cence la superbe collection qui a été la suite de l'expédition d'Égypte...
Le local, qui consiste principalement dans une longue galerie autour
de laquelle règnent des balcons donnant sur la cour du Collège, est
vaste, commode et élégamment décoré, quoique d'une manière très
simple. »

TRANCHANT, Charles-Marcel, né à Chauvigny (Vienne), le 3 novembre 1767; décédé le 18 février 1831. — Principal du collège de Sens.:
11 avril 1809; censeur au lycée de Nice : 21 février 1812-6 octobre
1814; censeur au lycée de Reims : 6 octobre 1814; censeur au lycée
de Marseille : 17 février 1815; proviseur du Collège royal de Marseille :
10 octobre 1816; inspecteur de l'académie de Paris : 3 novembre 1821;
inspecteur général de l'Université : 2 septembre 1824-31 août 1830;
retraite.

ABBÉ DENANS, né le 1er juin 1760; décédé le 18 août 1841. —
Aumônier et professeur de philosophie au lycée de Marseille : 3 novem-
bre 1810; censeur au Collège royal de Marseille : 18 octobre 1816;
proviseur au collège de Nîmes : 29 septembre 1821; proviseur du
Collège royal de Marseille : 7 novembre 1821-23 septembre 1823.
Retraite (douze ans de services).

ABBÉ BONNAFOUS, Louis-François, né le 9 octobre 1790, à Pézénas.
Docteur ès lettres; officier de l'Université (1). — Maître d'études et
maître élémentaire au collège de Pézénas : 1er juin 1807-15 avril 1809;
professeur de sixième, puis de quatrième et de troisième au collège
Stanislas: mai 1809-mai 1810; proviseur du Collège royal de Marseille:
23 septembre 1823-30 septembre 1830; inactivité. — Il ne fut pas admis
à faire valoir ses droits à la retraite, car il ne comptait que neuf ans
trois mois de services dans l'Université; il était encore en instance en
janvier 1848. Il devint recteur de l'académie du Tarn en janvier 1850,
et inspecteur d'académie à Avignon, le 24 août 1854.

Dans la séance du Conseil général d'août 1824, il est dit : « Article 9 :
Vu la lettre de M. le Préfet, du 24 août courant, le Conseil général
estime qu'il y aurait de l'inconvénient à la remise des instruments de
physique à un professeur que l'autorité supérieure a cru devoir
éloigner de l'enseignement, et qu'il est plus simple, plus naturel, plus
juste de laisser les instruments dont il s'agit dans le cabinet de

---

(2) On dirait aujourd'hui: officier de l'Instruction publique.

physique du Collège royal de Marseille, où les leçons vont être reprises. »

En 1824, le Collège était mal vu du gouvernement ; en revanche, on lit dans un rapport du Conseil général (séance du 1er septembre 1824, chapitre 2, article 3) : Education à confier à des religieux enseignants. « Le Conseil général demande que l'éducation du peuple soit confiée aux Frères des Ecoles chrétiennes ; celle des classes plus relevées, à des corps religieux et notamment aux Jésuites, à cet ordre célèbre, dont la philosophie avait obtenu la destruction, de l'imprévoyance du pouvoir, lorsqu'elle voulait renverser l'autel et le trône ; dont la religion et la société réclament avec instance le rétablissement comme le seul moyen de garantir la jeunesse de la contagion des mauvaises doctrines, comme la seule force à opposer aux sociétés secrètes qui conspirent de nouveaux bouleversements (1). »

Dans la séance du 25 juillet 1825, le Conseil ajoute : « Et, en attendant que ces corps soient assez nombreux pour occuper tous les collèges, autoriser tous les évêques à consacrer à l'enseignement le nombre de prêtres et de jeunes ecclésiastiques dont ils pourraient disposer. » — On était au lendemain de l'avènement de Charles X au trône de ses ancêtres. — Le même vœu est renouvelé à la session du 30 août 1826, par Désolliers, président du Conseil. (Voir *Appendice*, note 6). A la séance du 19 septembre 1828 (trois mois après que M. de Martignac eut enfin arraché au roi les ordonnances contre les Jésuites), un membre dit : « Corps enseignants : l'Université, avec son monopole, sa hiérarchie, ses académies, est très certainement un corps enseignant ; pourquoi donc en demander d'autres, s'ils doivent être formés des mêmes hommes et dans les mêmes principes ? N'aurait-on pas sous-entendu certain mot que l'on évite de prononcer, tant on redoute aujourd'hui l'effet qu'il peut produire sur quelques esprits timides ou pervers ? Votre commission le pense ainsi et ne craint pas d'ajouter le mot *religieux* à celui de *corps enseignants*. Oui, Messieurs, nous le disons hautement : il est pour ainsi dire impossible que l'on puisse trouver dans une congrégation de laïques ou même de simples ecclésiastiques cette unité de doctrine, de méthode d'enseignement,

(1) « ... Enfin, reconnaissez-nous
Aux âmes déjà séduites,
Escobar va sous nos coups
Voir vos écoles détruites...
       (*Chansons de Béranger*.)

ce détachement des intérêts temporels réunis à la pureté des mœurs et aux principes de morale évangélique qui distinguaient jadis, si éminemment, les congrégations religieuses auxquelles l'éducation publique était confiée dans presque tous les collèges; il s'était établi entre elles une sorte de rivalité bien louable qui tournait au profit des études des élèves. Pourquoi le gouvernement craindrait-il de voir renaître ces savantes et pieuses institutions et de les mettre en concurrence avec celles de l'Université?... » Etc. (1)

DESCHAMPS, Auguste-Anselme, né le 23 mai 1789; chevalier de la Légion d'honneur (mai 1836). — Maître d'études au lycée d'Angers : 15 avril 1807; agrégé professeur, puis professeur titulaire de grammaire au même lycée : 14 décembre 1809; professeur de 2ᵉ année de grammaire au lycée d'Amiens : 9 février 1814; professeur de 1ʳᵉ année de grammaire, puis de quatrième, de troisième, de seconde, au collège royal de Limoges : 3 octobre 1814 ; professeur de seconde au collège royal de Clermont : 26 janvier 1822; censeur au collège royal de Moulins : 2 octobre 1822 ; professeur de seconde au collège royal de Toulouse : 28 octobre 1823 ; professeur de seconde au Collège royal de Marseille : 13 novembre 1823 ; proviseur du Collège royal de Marseille : 25 septembre 1830-27 août 1840 ; retraite : 15 octobre 1840.

Dans une séance du Conseil municipal, du 24 août 1831, il est dit que le Collège royal demande cession de la chapelle du ci-devant couvent des Bernardines (2). — Le 10 janvier 1834, le Conseil prie le maire de prendre les mesures convenables pour que la Ville soit mise en possession des bâtiments et dépendances du Collège royal.

FERROUIL DE MONTGAILLARD, Jean-Marie-Joseph-Frédéric, licencié ès lettres ; officier de l'Université (1ᵉʳ mai 1846), chargé d'une division de grammaire au collège royal de Toulouse, est nommé censeur au collège royal de Besançon : 24 octobre 1829; censeur au collège royal de Nîmes : 19 janvier 1830; proviseur du Collège royal de Marseille : 27 août 1840; recteur de l'académie du Loiret : 9 août 1850; recteur de l'académie de l'Yonne : 11 septembre 1852.

À son provisorat se rapportent d'importantes constructions.

Il était d'usage alors que les inspecteurs fissent, chaque année, à la fin du cinquième mois, des examens dans les classes du Collège royal.

(1) Archives départementales. — Appendice, note 6.
(2) Archives municipales.

Antérieurement, ces examens étaient faits par le recteur assisté des inspecteurs de l'académie, en présence du proviseur du collège, du censeur et de l'aumônier.

A la suite de ces examens, de ces visites, le recteur transmettait au proviseur de nombreuses observations sur les études, la discipline et les méthodes d'enseignement.

« En 1848, notre Collège royal, comme tous les établissements d'instruction secondaire de l'Etat, avait repris le nom de *Lycée*. Les élèves furent divisés en compagnies; chacune d'elles eut un sergent et deux caporaux; il y eut pour toutes les compagnies un sergent major et un sergent fourrier; ces grades étaient conférés par le proviseur aux élèves qui avaient été élus par leurs condisciples. Un officier instructeur était chargé d'enseigner aux lycéens le maniement des armes et les manœuvres de l'école du soldat, d'assister aux mouvements généraux, de s'occuper de la tenue les jours ordinaires et les jours de sortie, de veiller à l'entretien et à la conservation des armes mises à la disposition du lycée. L'uniforme des élèves était : — une tunique en drap bleu, bordée d'un liseré rouge au collet, aux parements et sur le devant, fermée par une seule rangée de boutons dorés portant deux branches de laurier et, autour, en légende : *Lycée de Marseille ;* au collet, palmes brodées en or ; — un ceinturon de cuir noir avec plaque en cuivre au milieu portant deux branches de laurier, et au centre : *Lycée de Marseille ;* — un gilet de drap bleu, fermé par une seule rangée de boutons dorés ; — un pantalon, également de drap bleu, large, avec liseré rouge tombant sur la chaussure ; — un képi brisé en drap bleu, avec galon, liseré et macaron fixé au centre, en or. (1) »

JULLIEN, Jean-Baptiste-Antoine, né à Aix le 16 janvier 1801 ; décédé le... avril 1886. — Licencié ès lettres ; officier de l'Université (23 septembre 1841); commandeur de la Légion d'honneur (3 août 1864). — Professeur de quatrième dans une institution de Salon (Bouches-du-Rhône)... 1821 ; maître d'études au collège de Tournon : avril 1821 ; maître au collège d'Avignon, puis professeur de huitième : novembre 1821-décembre 1824 ; professeur de quatrième au collège royal d'Avignon : 7 novembre 1827 ; censeur au collège d'Avignon (à titre de suppléant): 6 mai 1829, puis censeur provisoire : 31 octobre 1829 ; le 29 novembre 1833, fut nommé censeur

(1) V. J. Delfour, *loc. cit.*

au lycée de Grenoble, n'accepta pas et fut maintenu à Avignon ; proviseur du collège royal du Puy : 10 août 1836 ; proviseur du collège royal de Nantes : 11 septembre 1839 ; recteur de l'académie de Lyon : 30 octobre 1849 ; proviseur du lycée de Marseille : 30 août 1850 : proviseur du lycée Henri IV : 24 août 1854 ; proviseur du lycée Louis le Grand : 21 août 1856 ; proviseur du lycée de Vanves : 6 août 1864 ; retraite : 24 octobre 1870.

Le proviseur Jullien, sachant bien que « l'éducation a ses sourires », et qu'il faut des délassements, s'appliquant à ôter son air de prison au lycée, cet ancien couvent, autorisait, en 1853-1854, le surveillant général de la cour des petits à leur laisser cultiver des fleurs tout le long des vénérables murs exposés au soleil ; et l'on voyait avec ravissement chaque élève, durant les récréations devenues trop courtes, soigner avec amour son minuscule parterre... A son passage au lycée se rapporte la création de l'école primaire annexe, qui après beaucoup de tâtonnements, était destinée à devenir la pépinière du grand lycée (1). Administrateur hors ligne : bon, actif, bienveillant et juste ; le premier proviseur de France !...

Le 20 janvier 1853, parut un arrêté relatif à la prestation du serment des fonctionnaires et employés : «... ART. 3 : Les recteurs recevront le serment... des chefs de corps et des chefs d'établissements de leur ressort. Les chefs d'établissement (proviseurs...) recevront le serment des fonctionnaires de cet établissement. — Paris, H. Fortoul. » (2)

Par arrêté ministériel (H. Fortoul) du 12 février 1853, les lycées prendront désormais le titre de *Lycées impériaux.* Le 28 février 1853, le Ministre, dans une nouvelle circulaire aux recteurs (à Aix, c'était alors le recteur Roustan), prescrit : « qu'à l'avenir, les boutons d'uniforme des élèves des lycées seront décorés d'un aigle et porteront ces mots en légende : « Lycée impérial de (Marseille) » — le nom de la ville où est situé le lycée.

C'était encore de 1853 à 1856, alors que florissait le grand ministère Fortoul, l'inventeur de la *bifurcation :* en ce temps-là, les professeurs devaient, par ordre, se raser barbe et moustache ; les classes (au moins élémentaires et de grammaire) commençaient et finissaient par une prière ; dans certaines (en huitième, septième), chaque samedi matin le professeur (maître élémentaire) était tenu, non seulement de faire apprendre l'Histoire sainte, mais de lire devant les élèves (parfois

(1) V. Appendice, note 9.
(2) V. Appendice, note 7.

des dissidents ou des israélites) l'épître et l'évangile de la semaine, de les commenter et les faire apprendre par cœur. Les plus minces exercices de chaque classe devaient être minutieusement consignés sur un registre *ad hoc*, journellement signé du maître, hebdomadairement vérifié et contresigné par le censeur.

À l'année 1854 se rapporte la création de la Faculté des sciences à Marseille : par décret de Napoléon III, du 27 décembre 1854, furent nommés professeurs : Morren, abbé Aoust, Favre, Derbès ; et furent nommés, par arrêté ministériel, professeurs aux cours annexes de la Faculté, les professeurs du lycée : Delibes et Mermet.

COURTADE, Marcel, né à Bagnères-de-Bigorre le 4 mars 1803, Chevalier de la Légion d'honneur (1853). — Agrégé de philosophie au collège royal d'Auch : 7 novembre 1833 ; professeur de philosophie au collège royal de Douai : 11 septembre 1834 : professeur de philosophie au collège royal de Toulouse : 29 novembre 1842 ; chargé de cours de philosophie à la Faculté des lettres de Toulouse, où il suppléa Gatien-Arnoult, député ; professeur de philosophie au collège royal de Toulouse : octobre 1844 ; proviseur du lycée de Toulouse : septembre 1848.

À la suite de la loi du 15 mars 1850, qui avait institué les *Académies départementales*, M. Courtade (ancien élève du collège royal de Pau, où il avait eu, en 1824, le prix d'honneur de philosophie) devint recteur de l'académie du Gers, puis de l'académie départementale des Basses-Pyrénées (1852-1854). Recteur honoraire, proviseur du lycée de Marseille: 24 août 1854-10 mars 1864 ; recteur de l'académie de Grenoble (sans être docteur): 10 mars 1864.

Ce proviseur, court de taille, d'une haute intelligence, était le fils de ses œuvres ; il avait péniblement préparé à Toulouse sa licence ès lettres, tout en donnant des leçons particulières pour vivre. Très économe, presque avare, il est mort à un âge avancé, après avoir amassé une assez belle fortune. Souvent enfermé dans ses appartements comme un satrape asiatique, il était néanmoins au courant des moindres faits ; rarement il se montrait aux élèves. Sa maxime favorite était : « Avoir une main de fer sous un gant de soie. » Il faisait, tous les ans, avant la rentrée des classes, apposer sur les murs de la ville des affiches présentant le tableau complet du personnel du lycée, avec les titres et grades de chacun.

JOGUET. — Né à Lyon le 21 décembre 1815, Vincent Joguet (comme de Montgaillard, Jullien, Gallerand, M. Frétillier), n'était que licencié ès lettres ; officier de l'Instruction publique (1856); officier de la Légion d'honneur (août 1870)..

Elève du lycée de Lyon, de l'école normale : octobre 1833 ; professeur de troisième au collège royal de Dijon : 1836 ; congé (santé) : 1836 ; professeur d'histoire au collège royal de Nancy : septembre 1848 ; proviseur du lycée de Tours : 5 février 1852 ; proviseur du lycée de Reims : 13 septembre 1852, proviseur du lycée d'Orléans (au temps de l'éloquent, fougueux et encombrant évêque Dupanloup): 12 février 1862 ; proviseur du lycée de Marseille : 21 mars 1864 ; proviseur du lycée de Versailles : 5 août 1865 ; proviseur du lycée Saint-Louis : 10 septembre 1868 ; décédé en fonctions : 29 novembre 1874.

Malgré son trop court passage au lycée de Marseille, cet habile chef de maison, bon, affable, s'informant avec sollicitude des services et des besoins de chaque fonctionnaire, trouva le moyen d'améliorer la situation de tout son personnel, dont il sut vite se faire aimer. Par sa franchise et la largeur de ses vues, il s'était promptement créé des relations parmi les gens de tous partis, de toutes opinions, qu'il accueillait avec empressement sans jamais être dupe de personne.

Cet homme de cœur, devenu proviseur du lycée Saint-Louis, ne perdit pas de vue les intérêts de ses anciens collaborateurs marseillais : plusieurs années après son départ, il se prodiguait, au ministère, pour leur faire obtenir de l'avancement. Aussi, quand il mourut, des suites d'une pleurésie, le 29 novembre 1874, il s'éleva partout, en province comme à Paris, un concert d'unanimes regrets : chacun vantait à l'envi son administration active, vigilante, ferme autant que paternelle ; la presse s'associa à ce deuil universitaire ; à ses obsèques furent prononcés d'éloquents discours, où l'on appréciait dignement son affectueuse équité pour les fonctionnaires, sa sollicitude inquiète pour les élèves, son esprit de mesure, de prudence, de conciliation, qualités déployées déjà dans la direction d'importants lycées, où son passage avait laissé des traces profondes : Nancy, Reims, Tours, Orléans, Marseille, ne l'ont point oublié. « Il n'est pas de lycée où il a passé, disait le Bulletin de l'Instruction publique du 24 décembre 1874, qu'il n'ait laissé plus florissant qu'à son arrivée. » Il reste de lui quelques pièces de vers de sa jeunesse, où se révèle un réel talent, et une étude très fouillée sur Fénelon (1).

(1) V. Appendice, note 8.

GRENIER, — Emmanuel-Sylvain, né le 18 février 1812... Agrégé de grammaire (1843); officier de l'Instruction publique (1859); chevalier de la Légion d'honneur (1862).

Maître d'études au collège royal Louis-le-Grand, dès avant 1840; professeur de quatrième au collège royal de Moulins, 30 septembre 1843; professeur de quatrième au collège royal de Bordeaux: 1er décembre 1843; censeur au collège royal d'Angoulême: 22 septembre 1845; maintenu au collège royal de Bordeaux: 5 octobre 1845; censeur au lycée de Rouen: 6 octobre 1849; proviseur du lycée de Tarbes, 20 août 1853; proviseur du lycée de Metz: 25 août 1858; proviseur du lycée de Marseille: 16 août 1865 - 7 août 1877; retraite: 7 août 1877; décédé à Paris en 1881, à l'âge de 70 ans. A la différence des proviseurs Joguet et Gallerand, le proviseur Grenier montra moins de bonté que de bonhomie.

Sous son long provisorat, le célèbre astronome Leverrier (1811-1877), l'illustre directeur de l'Observatoire de Paris, vint à deux reprises (vers 1866 et 1867) visiter le lycée; un élève de sciences lui lut un discours (1).

Le vendredi 28 février 1868, le proviseur remit à M. le Maire, pour être répartie entre les diverses œuvres de bienfaisance de la ville, la somme de 800 francs, provenant de la collecte annuelle parmi les fonctionnaires et les élèves de l'établissement. Cette quête pour les pauvres se fait chaque année dans le courant de janvier et a produit souvent des sommes importantes, jusqu'à 2.500 francs et plus.

Vers 1872, au temps où M. Peyrot était inspecteur d'académie, fut supprimé le traditionnel dîner de la première communion, auquel les professeurs étaient invités tour à tour par suite d'un roulement; l'allocation reçut une autre destination. Vers la même époque, 1872, le corps des professeurs cessa d'assister en robe à la procession solennelle et votive du Sacré-Cœur, et bientôt même, de paraître à celle de la paroisse des Réformés, qui est la paroisse du lycée.

Dans une séance du 8 novembre 1873, le Conseil municipal délibère qu'il y a lieu: 1° de continuer la subvention affectée par la Ville aux cours annexes de la Faculté des sciences; 2° de demander, pour l'année scolaire 1874-75, que ces cours soient confiés à des professeurs du lycée de Marseille.

_____

(1) V. Appendice, note 10.

Vieil ami du bon M. Jules Evelart, président de l'Association des membres de l'Enseignement, M. Grenier détermina la création à Marseille, en février 1874, du sous-comité de cette grande Association Taylor, qui compte, en 1897, trois cent quinze membres marseillais (trente-six mille dans la France entière, avec plus de 116.000 fr. de rente).

En 1875 sous le règne de l'Ordre moral et le ministère de M. de Cumont, durant plus de six mois, tous les professeurs durent par ordre faire la classe en robe : mesure surannée, gênante et coûteuse, car les robes s'usent vite. Les professeurs de sciences en furent bientôt dispensés ; M. Vessiot, professeur de rhétorique, fut le premier à protester ; un jour il osa aller faire sa classe sans robe, tous ses collègues lui emboîtèrent le pas, ce fut la débandade, et l'arrêté ministériel demeura lettre morte ; peu à peu les robes disparurent des cases du vestiaire.

A l'année 1876 se rattache la seconde visite de M. A. Thiers à son lycée. Une première fois, à la fin de décembre 1847, il avait déjà fait une visite au lycée, théâtre de ses premiers succès.

C'est encore au temps où M. Grenier était proviseur, que se rattache un souvenir qui nous paraît digne d'être conservé. En 1872, presque au lendemain de nos revers, la distribution des prix fut présidée par M. le comte de Kératry, préfet, qui fit l'éloge de l'homme éminent, ancien élève du lycée de Marseille, le libérateur du territoire ; et d'un ton vibrant il recommanda la revanche nationale par le travail et la liberté. M. L. Dutert, professeur de seconde, prononça un éloquent discours sur *la régénération*. En feuilletant les palmarès du lycée, nous avons été assez heureux de retrouver ces belles pages toutes empreintes d'un chaud patriotisme ; et, ne pouvant les reproduire ici intégralement, nous voulons au moins en détacher la péroraison, où l'orateur s'élève à une grande hauteur :

« Ne savez-vous pas que nous sommes la postérité de ces vieux Gallo-Romains qui, depuis le Xᵉ siècle, sous l'égide de la royauté et des franchises communales, du chaos des invasions germaniques et des dominations féodales, ont dégagé l'idée de la France? Cette nation dont la langue précise est, dans toute l'Europe, le dialecte des pensées claires, ne l'a-t-elle point prêtée à tous les peuples civilisés, pour en faire l'idiome de la diplomatie? On sait comment certains disciples d'Hégel, hésitant sur le sens des nébuleuses abstractions de leur maître, n'ont déterminé la signification exacte de ses théories métaphysiques que dans la clarté des traductions françaises. Les étrangers consument leurs veilles en méditations érudites sur les monuments de l'antiquité; les hommes d'Etat, les politiques anglais, trempent l'acier de leur éloquence dans le creuset de Thucydide et de Démosthène, et la France, la patrie d'Henri Estienne et de Budé, aurait-elle assez désappris sa gloire passée, assez désespéré de son avenir pour renier le double héritage de Rome et d'Athènes, le culte et la préoccupation de l'idéal, véritable antidote du matérialisme, emprunté à la Grèce de Platon et de Sophocle, et d'autre part, l'antidote de la force brutale primant et écrasant le droit; et le droit, la justice elle-même armée par la loi pour confondre et pour renverser la force injuste, dans les codes romains?

« Ainsi, préparés aux luttes de la vie, vous serez instruits et disposés à tout faire pour la prospérité, la puissance et l'honneur de votre pays. Si l'occasion vient au-devant de vous, vous saurez la saisir. Hier, l'orgueil des lycées, demain, le nerf et la lumière des régiments de l'armée nouvelle, vous serez les premiers par la valeur comme par la science. Pour vous, le mépris de la mort deviendra une habitude, le courage, un penchant; le devoir une consigne. Bourgeois, ouvriers. soldats, placés dans les mêmes rangs, vous deviendrez les membres unis d'une famille. Lorsque la Patrie vous aura rendus à vos foyers, la confraternité militaire sera la consécration de l'union civile. Toutes les classes de la société, abdiquant leurs préjugés et leurs préventions, ne formeront qu'un seul peuple. Ce jour-là, calme, sereine et puissante, imposante par ses forces, la France ne les fera servir qu'à la protection et à la sûreté de son territoire, et redeviendra ce qu'elle a été durant des siècles: l'avant-garde de la civilisation.

« Alors, jeunes gens, vous aurez conquis le prix de votre activité et de vos efforts. Après avoir traversé de cruelles épreuves, la France reprendra sa glorieuse suprématie. Il y a, dans ce malheur qui la frappe, dans l'énergie de la résistance, un prestige semblable à une auréole. Songez à ce qu'elle est aujourd'hui, comparez la vitalité frémissante qui l'anime et circule dans ses veines à l'abattement dont nous l'avons vue atteinte. Ne désespérez jamais d'elle, vous qui êtes son espérance. Nous l'avions vue, pareille à ce léger navire d'Horace, désemparée de ses rames, les voiles en lambeaux, les vergues brisées ou pliantes sous les coups de vent; elle va surgir au port, elle répare les blessures de l'orage et se balance sur ses ancres, en attendant le

jour où, lasse des aventures périlleuses, elle se contentera des entre-
prises grandes et utiles. Alors, Messieurs, les nations qui espèrent en
elle et qui l'ont aimée, les opprimés de toute race qui l'ont implorée
et qui l'attendent, tressailleront de joie en revoyant flotter sur les
mers le drapeau des libertés du monde : « La France ! s'écrieront-ils,
est donc ressuscitée ! Voilà le vaisseau de la France ! »

Gossin, Henri, né le 6 mai 1832 à Chars (Seine-et-Oise); agrégé de
physique (1865), officier de l'Instruction publique (1876) ; chevalier
de la Légion d'honneur (1886), commandeur du Medjidié (Turquie).—
Elève de l'Ecole normale : octobre 1853 ; chargé de cours, puis professeur de physique au prytanée de la Flèche : 1er novembre 1856-25
août 1869 ; censeur au lycée de Marseille : 20 septembre 1872; proviseur du lycée d'Albi : 18 septembre 1874 ; proviseur du lycée de
Toulon : 17 décembre 1874 ; proviseur du lycée de Marseille : 7 août
1877 ; proviseur du lycée de Lille : 15 juin 1880 ; proviseur du lycée
de Lyon : 12 décembre 1891.

Il a publié : *Cours élémentaire de Physique*, 1879, quatre années.

Sous le provisorat Gossin, apparaît pour la première fois, au palmarès de 1879, la mention des ministres des divers cultes : outre un
aumônier catholique, un aumônier adjoint et l'aumônier de la Belle-
de-Mai, il y a deux ministres protestants, un rabbin, un ministre
grec orthodoxe.

Asquer, Etienne-Jean-Xavier, né le 7 novembre 1828 à Ponteilla
(Pyrénées-Orientales); agrégé de mathématiques (1861) ; officier de
l'Instruction publique (1878) ; chevalier de la Légion d'honneur (1888)
— Maître répétiteur au lycée de Montpellier; maître d'études au
collège Rollin : 1855 ; professeur à Dijon, Nîmes, Nancy ; proviseur
du lycée de Marseille : mars 1880 ; proviseur du lycée de Montpellier :
5 avril 1880; du lycée de Grenoble : 7 août 1883; congé (santé) : 2
août 1888 ; retraite : 11 décembre 1888.

Lain, Jean-Pierre-Valentin-Alphonse, né le 11 février 1834 à Saint-
Denis-le-Gast (Manche) ; agrégé d'histoire (1868); officier de l'Instruction publique (1873); chevalier de la Légion d'honneur (1880).
Aspirant répétiteur au lycée du Mans : 10 février 1855 ; maître adjoint
à l'école industrielle de Carentan : 1er octobre 1855 ; aspirant répétiteur
au lycée d'Evreux : 20 mars 1860; maître répétiteur au dit lycée :
22 mai 1861 ; chargé de cours d'histoire au lycée de la Roche-sur-Yon :
27 mai 1861 ; suppléant d'histoire au lycée de Poitiers : 26 avril 1867 ;

professeur d'histoire au lycée de Lorient : 14 septembre 1868 ; censeur au lycée de Saint-Etienne : 5 novembre 1869 ; censeur au lycée de Rennes : 30 septembre 1871 ; censeur au lycée de Lyon : 14 mars 1874 proviseur du lycée d'Albi : 17 décembre 1874 ; proviseur du lycée de Nantes : 7 août 1877 ; proviseur du lycée de Montpellier : mars 1880 ; proviseur du lycée de Marseille : 5 avril 1880 ; proviseur du lycée de Nice : 28 juin 1880 ; proviseur du lycée de Caen : 12 août 1881 ; congé (santé) ; 20 septembre 1881 ; retraite : 11 octobre 1886.

GALLERAND, Gabriel-Ernest, né au Croisic le 21 février 1814. — Licencié ès lettres ; officier de l'Instruction publique (20 janvier 1859) ; chevalier de la Légion d'honneur (août 1865). — Maître d'études au collège royal de Pontivy : 1852 ; id. au collège royal de Rennes : 1833 ; régent de seconde au collège d'Ajaccio : 3 août 1835 ; professeur de littérature française à l'école de Paoli de Corte : 27 mars 1839 ; régent de rhétorique au collège de Brest : 1839 ; sous-principal au collège de Lorient : 1848 ; censeur au lycée de La Rochelle : 13 février 1853 ; censeur au lycée de Brest : 4 septembre 1855 ; censeur au lycée de Metz : 23 septembre 1856 ; proviseur du lycée d'Angers : 10 novembre 1857 , proviseur du lycée de Nantes : 20 juillet 1862 ; vice-recteur de la Corse : 5 mai 1871 ; proviseur du lycée de Nice : 10 septembre 1874 ; proviseur du lycée de Marseille : 28 juin 1880 ; retraite : 27 décembre 1883 ; décédé à Marseille, le 9 mars 1889, à la suite d'une pneumonie ; M. Amigues, professeur, prononça le 11 mars sur sa tombe une éloquente oraison funèbre.

Homme juste et bon, il a fait preuve de grandes qualités administratives. Membre du Bureau de bienfaisance et du Mont-de-Piété, il fit apprécier ses qualités de cœur et son dévouement au bien public. Jusqu'à ses derniers jours il ne cessa de s'occuper activement d'œuvres charitables et de travaux littéraires : il préparait une nouvelle traduction, avec une savante étude, de l'*Art poétique* d'Horace, dont il prétendait démontrer l'unité. Trois jours avant sa mort, étant allé en promenade, par un furieux mistral, à la grande jetée de la Joliette, il en revint frappé d'une pneumonie qui l'enleva rapidement à l'affection des siens. Digne ami de son vieux camarade et compatriote Jules Simon, qui l'avait précédé dans la tombe, il s'appliqua comme lui à faire le bien. Physionomie, taille, langage, actes, tout en lui rappelait cet homme juste et ferme dont parle le poète latin (1). Il fut vive-

(1) *Justum et tenacem propositi virum.* (Horace, *Odes*, liv. III, od. 3.)

ment regretté : rien n'égale l'émotion qui s'empara de l'assistance lorsque tous, professeurs, élèves, amis, parents, pressés autour de son cercueil, entendirent de la bouche de M. Amigues sa touchante allocution, que la famille a pieusement conservée.

Dans la séance du 16 février 1881, le Conseil municipal émit un vœu relatif au cours de gymnastique du lycée, dont étaient exclus les externes : il demanda que tous les élèves du lycée, même les externes libres et surveillés, jouissent des bienfaits du cours de gymnastique. La mesure, étant impraticable, ne put être appliquée.

DALIMIER, Jules-Pierre-Marie, né le 6 avril 1841 à Rennes. — Agrégé de physique (1868) ; officier de l'Instruction publique (1883) ; chevalier de la Légion d'honneur (1886). — Élève du collège Rollin ; élève de l'école normale : octobre 1861 ; chargé du cours de physique au lycée du Mans : 3 décembre 1864 ; chargé du cours de physique au lycée de Rennes : 30 octobre 1865 ; professeur de physique au dit lycée : 18 septembre 1868; censeur au lycée de Lorient : 26 septembre 1771 ; censeur au lycée d'Angoulême : 21 octobre 1872 ; censeur au lycée de Bordeaux : 15 septembre 1873 ; proviseur du lycée de Bourg : 1er avril 1875 ; proviseur du lycée d'Orléans : 1er août 1878 ; proviseur du lycée d'Angers : 12 août 1883 ; proviseur du lycée de Marseille : 26 décembre 1883 ; proviseur du lycée de Vanves : 7 septembre 1889 ; proviseur du lycée Buffon : 10 janvier 1893. (En fonctions, 1896).

Poursuivant l'œuvre de M. Gallerand, il a achevé de relever le lycée, qui devint très prospère. Froid, digne, tenace comme tout Breton, il causait volontiers, avait une très haute conception des fonctions administratives : « Il y faut beaucoup d'étude pour réussir, me disait-il, c'est un sacerdoce, je commence à en saisir l'importance. » Très obligeant, il n'a pas oublié le personnel de son lycée de Marseille. En 1884, les tristes souvenirs du choléra ont laissé des traces dans le palmarès : le 8 juillet le lycée fut licencié, la débandade fut générale en raison de l'effarement, les vacances durèrent plus de trois mois : la distribution des prix, qui devait avoir lieu le 23 juillet, se fit sans solennité à la rentrée, laquelle avait été fixée au jeudi 2 octobre, mais ne se fit réellement que le 12 de ce mois avec un faible nombre d'élèves.

Depuis la fin du provisorat Dalimier (1889) jusqu'à ce jour (1898), le lycée n'a pas cessé, durant toute cette dernière période, de s'accroître et de se montrer à la hauteur de sa vieille réputation.

Vers la fin de janvier 1889, les élèves du lycée, imitant l'exemple

des étudiants de Paris, arborèrent le *béret*. La couleur d'abord adoptée
fut la couleur bleu foncé, avec liseré jonquille ou amarante, suivant
les classes, lettres ou sciences. *Le Sémaphore* annonça, le 6 février,
qu'un grand monôme aurait lieu pour l'inauguration de ces bérets ;
le jeudi 7 février, en effet, à neuf heures du soir, un monôme monstre
se déroula avec lanternes vénitiennes, chants, cris souvent proférés :
« Le transfert ! » ; pour se terminer par le baptême de la nouvelle
coiffure. Le lendemain, les hautes classes adoptèrent de préférence le
béret de velours, que les philosophes *agrémentèrent* d'un double
ruban de couleur blanche, les rhétoriciens d'un ruban couleur jonquille, les élèves de mathématiques élémentaires d'un ruban couleur
amarante ; les candidats à Saint-Cyr portaient en guise de cocarde
deux épées entrelacées..., etc. A la fin de février 1889, le béret étant
toujours à la mode, les étudiants, les élèves des lycées et collèges,
tout le monde voulut avoir un béret. Alors ce fut au tour des demoiselles : les élèves du collège de la rue Duguesclin voulant l'adopter,
on ne le leur permit point ; un pensionnat de demoiselles adopta le
béret de velours noir, se distinguant par une plume passée sur le
côté droit du béret, et dont la couleur variait selon les établissements et selon les classes... Mais, avec le carnaval, la mascarade
touchait à sa fin : avant le 15 mars le béret avait disparu à peu
près complètement ; il fut remisé au musée des antiques...

Dans ce mois de février 1880, d'importantes modifications furent
proposées dans le régime du lycée : le congé du jeudi matin devait
être supprimé ; par contre, les classes devaient vaquer le mardi soir ;
les élèves auraient trois promenades par semaine. Il fut question
de louer ou d'acheter dans la banlieue une vaste maison de campagne accidentée, où se rendraient trois fois la semaine les internes
pour s'y livrer aux exercices physiques tant préconisés alors...
Une large part devait être faite, dans l'intérieur du lycée, à la gymnastique et à tous les exercices destinés à développer la force
physique des enfants.

En mars-avril 1889, on décida de changer l'uniforme de nos
lycéens : c'était le quatorzième uniforme depuis la création des
lycées ; il s'agissait surtout de la suppression de l'incommode tunique...

Fitremann, Emile-Marie, né le 21 octobre 1836 à Château-Thierry
(Aisne). Licencié ès sciences, agrégé de l'enseignement spécial (1866) ;

officier de l'Instruction publique (1887) ; chevalier de la Légion d'honneur (1881). — Professeur adjoint de mathématiques au lycée d'Alençon : 19 novembre 1857 ; id. au lycée du Mans : 12 octobre 1858 ; chargé des cours de mathématiques au lycée de Chaumont : 29 septembre 1862 ; congé d'inactivité (professeur de mathématiques à l'école Turgot) : 1ᵉʳ octobre 1868 ; délégué dans un cours de mathématiques au lycée Saint-Louis : 1ᵉʳ octobre 1874 ; censeur au lycée d'Evreux : 17 décembre 1874 ; censeur au lycée d'Angoulême : 2 août 1876 ; censeur au lycée de Lille : 4 avril 1877 ; inspecteur des études au prytanée de La Flèche : octobre 1878 ; proviseur au lycée d'Alençon : 24 septembre 1881 ; proviseur du lycée de Tournon : 23 février 1885 ; proviseur du lycée de Marseille : 13 septembre 1889 ; proviseur du lycée de Moulins : 14 août 1890-96. Retraité en 1896. L'année suivante, le 14 août 1890, il fut, sur sa demande, appelé à la direction du lycée de Moulins, où il passa six années ; admis à la retraite en 1896, à 60 ans, il vit retiré à Annecy en honnête et riche rentier.

Frétillier, Léonce, né le 1ᵉʳ août 1849, à Aussac (Charente). Licencié ès lettres (1870) ; officier de l'Instruction publique (1885). Maître auxiliaire au lycée de Poitiers : 11 mars 1870 ; suppléant de rhétorique au collège de Châtellerault : 29 novembre 1870 ; maître auxiliaire au lycée de Poitiers : 1ᵉʳ novembre 1871 ; chargé de cours de philosophie au lycée de Pontivy : 8 janvier 1872 ; chargé de cours de philosophie au lycée de Périgueux : 1ᵉʳ octobre 1873 ; censeur au lycée du Mans : 7 août 1877 ; censeur au lycée de Grenoble : 27 septembre 1878 ; proviseur du lycée d'Aix : 28 juillet 1884 ; proviseur du lycée de Toulon : 3 août 1886 ; proviseur du lycée de Brest : 15 octobre 1888 ; proviseur du lycée d'Alger : 27 juillet 1889 ; proviseur du lycée de Marseille : 14 août 1890 ; proviseur du lycée Voltaire : 30 décembre 1892.

Sous le provisorat Frétillier, le Conseil municipal, dans sa séance du 10 février 1891, ayant décidé l'érection du lycée en lycée hors classe, vota 17.000 francs pour la part annuelle à la charge de la Ville, l'État payant l'autre moitié de la dépense totale évaluée à 34.000 francs (1).

En 1891, douze élèves furent admis à l'Ecole Polytechnique, sept

(1) Archives de la Ville.

à l'École de Saint-Cyr; en 1892, presque autant; en 1894, neuf à l'Ecole de Saint-Cyr; plusieurs autres élèves admis à l'École normale supérieure et à l'École centrale (1).

Morlet, Anatole, né le 24 novembre 1845, à Meaux. — Agrégé de grammaire (1877); officier de l'Instruction publique (1886). — Aspirant répétiteur auxiliaire au lycée Charlemagne : 31 janvier 1866; chargé de la classe de seconde au collège de Dôle : 5 octobre 1866; professeur de rhétorique et de seconde au dit collège : 11 novembre 1871; professeur de rhétorique au collège de Montbéliard : 1er juillet 1875; chargé de cours de rhétorique au lycée de Tournon : 18 janvier 1877; chargé de cours de rhétorique au lycée de Saint-Omer : 26 janvier 1877; professeur de quatrième au lycée de Troyes : septembre 1877; censeur au lycée de Saint-Brieuc : 9 octobre 1877; censeur au lycée de Bourges : 6 août 1878; censeur au lycée de Pau : 14 mai 1879; censeur au petit lycée de Marseille (Belle-de-Mai) : 11 juin 1880; censeur au lycée de Marseille : 12 août 1881; congé : août 1882; préfet des études au petit collège de Sainte-Barbe (Fontenay-aux-Roses) : octobre 1882; censeur au lycée de Caen : 14 août 1890; proviseur du lycée de Troyes : 28 mars 1891; proviseur du lycée de Marseille : 30 décembre 1892; censeur du lycée Hoche à Versailles : 1895. (En fonctions le 1er juillet 1897.) — Il a publié : de petits classiques élémentaires, cahier de devoirs des vacances, et : *Victorin de Feltre et la Maison Joyeuse ou un Lycée modèle*, etc.; broch. 55 pp., Havre, 1879.

· Guigon, Ernest-Jacques-Louis, né le 11 juin 1855, à Perpignan, Agrégé de mathématiques (1878); officier de l'Instruction publique; élève de l'École normale : octobre 1874; chargé de cours de mathématiques au lycée de Laval : octobre 1877; professeur de mathématiques au lycée de Nîmes : 13 septembre 1878; professeur de mathématiques au lycée de Marseille : 17 janvier 1883; censeur au lycée de Toulon : 1er février 1884; censeur au lycée d'Orléans : 18 mars 1885; censeur au lycée de Brest : 7 octobre 1885; proviseur du lycée d'Alençon : 18 mai 1888; proviseur du lycée de Saint-Étienne : 13 août 1889; proviseur du lycée de Caen : 1er août 1892; proviseur du lycée de Marseille : 1er janvier 1895. (En fonctions en juillet 1897.) — Brillant élève du lycée, où il obtint, en 1873, en mathéma-

(1) Voir collection des palmarès du lycée.

tiques spéciales, six nominations, dont le premier prix de sciences physiques et le premier prix de mathématiques au concours académique ; eut pour condisciple, dans la même classe, le futur colonel Bonnier de La Chapelle, Eugène ; il fut, en 1883, professeur de mathématiques élémentaires dans le même lycée (cours de Saint-Cyr, qu'il a même inauguré au lycée), dont il est actuellement (octobre 1897) le digne et très sympathique proviseur, le vingt-deuxième proviseur du lycée.

**Censeurs.** — Reydellet.— 22 décembre 1802 — 19 septembre 1804.

Raynal, Pierre, né le 24 novembre 1755 ; décédé le 29 octobre 1833. — Bénédictin de la Congrégation de Saint-Maur ; professeur au collège de Pontlevoy : 1778-1791 ; professeur au lycée de Marseille : décembre 1802-au ... 1805 ; censeur au lycée de Marseille : du ... 1805 au 24 septembre 1810 ; professeur de philosophie à la Faculté des lettres de Nîmes : 24 septembre 1810 ; proviseur du lycée de Nîmes : octobre 1811-11 novembre 1820 ; retraite.

Abbé de Saint-Chamas. — 1810-1815.

Tranchant. — 1815-1816 ; puis proviseur.

Abbé Denans. — 1816-1821 ; puis proviseur.

Abbé Calmetz. — 1821-1822.

Lecomte. — 1822-1823.

Abbé Bousquet. — 1823-1829.

Mondelot. — 1829-1830.

Méline, Louis-Hyacinthe, né le 21 septembre 1791, à Rougemont (Doubs) ; licencié ès lettres ; officier de l'Université. — Censeur au collège royal de Douai : 18 avril 1825-10 septembre 1828 ; censeur au Collège royal de Marseille : 21 septembre 1830-27 septembre 1835 ; inspecteur de l'Académie de Dijon : 27 septembre 1835.

Giscaro. — 1834-1846.

Doucin. — 1846-1847.

Petibon, Edwin-François-Joseph-Léonce ; né le 2 novembre 1808, à Deux-Ponts (Zweibrucken, Bavière Rhénane ; alors département du Mont-Tonnerre) ; décédé à Nancy le 28 mars 1887. Licencié ès sciences ; officier de l'Université (1840). — Élève des collèges de Dieuze, de Lunéville et de Nancy ; élève de l'école normale (1828) ; censeur au Collège royal de Marseille : 7 septembre 1847 ; proviseur des lycées de Lille, de Vendôme, de Bar-le-Duc, d'Auch : 1863 ; retraite : 16 décembre 1863.

DENIS. — 1848-1852; fut, en 1868, censeur au lycée Napoléon.

E. COURNUÉJOULS. — 1852-1856; passa à Alger.

PERBOSC. — 1856-1859; puis proviseur au lycée de Bourg.

DUJOL, né le 17 janvier 1815; licencié ès sciences; officier de l'Instruction publique (1863); chevalier de la Légion d'honneur (1864). — Maître d'études au collège royal d'Auch, y est chargé de la classe de huitième : 28 novembre 1837; maître d'études au collège royal de Cahors du ... au 7 septembre 1853; censeur au lycée de Cahors : 7 septembre 1853; censeur au lycée de Pau : 4 septembre 1855; censeur au lycée de Marseille : 2 mai 1859; proviseur du lycée de Saint-Etienne : 22 août 1862; proviseur du lycée d'Alger : 17 août 1868; proviseur du lycée d'Angoulême : 24 avril 1870; retraite : mars 1880.

CHANSON. — 1862-1863.

TOURAILLE, Augustin-Amédée, né le 28 juillet 1826 à Lèves (Eure-et-Loir). — Agrégé de mathématiques (1849); officier de l'Instruction publique (1869). Élève du lycée Charlemagne; élève de l'Ecole normale : octobre 1846; professeur de mathématiques élémentaires au lycée d'Alençon : 20 septembre 1849; professeur de mathématiques élémentaires au lycée de Pau : 17 octobre 1752; congé (santé) : 19 janvier 1856-2 novembre 1858; maître surveillant à l'Ecole normale : 2 novembre 1858; censeur au lycée de Napoléon-Vendée : 14 août 1861; censeur au lycée de Saint-Etienne : 8 mars 1862; censeur au lycée de Marseille : 9 septembre 1863; proviseur du lycée de Tournon : 29 novembre 1866; censeur au lycée de Versailles : 26 septembre 1871; congé d'inactivité : 4 août 1875.

MAZUEL. — 1866-67.

CONDÉ, Gustave-François, né le 6 juin 1829 à Saint-Martin-des-Entrées (Calvados). Licencié ès sciences (1857); officier de l'Iustruction publique. — Maître d'études au collège de Bayeux : 21 février 1850; maître à Caen; chargé de cours à Rouen; censeur au lycée de Saint-Brieuc : novembre 1851; censeur au lycée de Caen : 13 février 1864; censeur au lycée de Marseille : 2 septembre 1867; proviseur du lycée de Saint-Etienne : 11 août 1869; proviseur à Saint-Omer, à Evreux, à Lorient, Montauban, Agen, Bourg, Quimper : 17 septembre 1887; retraite : 13 août 1889.

MOGNIAT-DUCLOS, Ferdinand, né le 23 décembre 1823 à la Côte-Saint-André (Isère). Licencié ès lettres; officier d'académie. —

Directeur de l'école primaire annexée au collège de Pont-de-Beauvoisin (Isère) : octobre 1845 ; régent au dit collège ; passé au collège royal Henri IV, à Grenoble, à Montauban, Digne, Bourg, La Roche-sur-Yon, Moulins, Limoges, Nevers, Reims ; censeur au lycée de Marseille : 23 août 1869 ; proviseur du lycée de La Rochelle : 11 septembre 1872 ; proviseur des lycées de Tournon, Cahors, Chambéry, Rodez : 31 janvier 1878 ; inactivité : 14 février 1878 ; retraite (santé) : 7 août 1880.

Gossin, Henri : 1872-74 ; plus tard proviseur.

Laigle, Alphonse-Martin, né le 27 août 1834 à Douai. Agrégé de mathématiques (1860) ; officier de l'Instruction publique (1884) ; chevalier de la Légion d'honneur (1886). — Élève de l'Ecole normale : octobre 1855 ; professeur à Angers, Lille, Douai, Amiens ; censeur à Douai ; censeur au lycée de Marseille : 19 septembre 1874 ; proviseur du lycée de Sens : 2 août 1876 ; proviseur du lycée d'Amiens : 26 avril 1878 ; proviseur du lycée de Dijon : 14 août 1879 ; censeur au lycée Louis-le-Grand : 26 octobre 1883. (En fonctions en 1894.)

Lecadet, Hyacinthe-Gustave, né le 7 janvier 1832 à Anneville-sur-Mer (Manche). Agrégé de grammaire (1859); officier de l'Instruction publique (1882) ; chevalier de la Légion d'honneur (1889). — Maître d'études au collège d'Orbec : 1er octobre 1851 ; aspirant, puis maître répétiteur au lycée de Caen : 1er octobre 1853 ; chargé de cours d'anglais au lycée de Rennes : 19 avril 1860 ; régent de troisième (cours de marine) au collège de Lorient : 3 octobre 1862 ; chargé de cours de sixième au lycée de Rennes : 4 décembre 1864 ; professeur de sixième au dit lycée : 21 octobre 1869; censeur au lycée de Mâcon : 20 septembre 1872 ; censeur au lycée de Lorient : 21 octobre 1872 ; censeur au lycée d'Alger : 7 août 1875 ; censeur au lycée de Toulon : 18 août 1875 ; censeur au lycée de Marseille : 2 août 1876 ; proviseur du lycée de Saint-Brieuc : 25 septembre 1778 ; proviseur du lycée de Saint-Denis (La Réunion) : 26 février 1880 ; proviseur du lycée du Mans : 7 août 1883 ; proviseur du lycée de Pontivy : 16 avril 1892. (En fonctions en 1894.)

Grandvaux. — 1878-1879.

Lespès, Jacques-Séverin, né le 28 octobre 1836 à Pau. Agrégé de grammaire (1886); officier de l'Instruction publique. — Aspirant répétiteur au lycée de Pau : 8 novembre 1855 ; censeur au lycée de Nîmes : 6 août 1878 ; censeur au lycée de Marseille : 14 août 1879 ; professeur chargé de cours de seconde au lycée de Toulouse : 12 novembre 1879. (En fonctions en 1895.)

IGIER, Louis-René, né le 12 décembre 1841 à Brizeaux (Meuse). Agrégé de grammaire (1872) ; officier de l'Instruction publique. — Régent de seconde au collège de Digne : 29 septembre 1864 ; passé à Draguignan, au lycée Louis-le-Grand, au lycée Charlemagne, à Moulins, Niort, Dijon, Laval, Nevers ; censeur à Dijon : 4 mai 1878 ; censeur au lycée de Marseille : 12 novembre 1879 ; professeur de quatrième au lycée de Montpellier : août 1881 ; congé d'inactivité, sur sa demande : 1er octobre 1881 ; inspecteur d'académie à Chambéry : 11 février 1882-1885.

MORLET, Anatole : 1881-1882 ; puis proviseur.

TOURETTES (jeune), Auguste-Henri, né le 12 mars 1842 à Albi. Licencié ès sciences ; officier de l'Instruction publique (1889). — Aspirant répétiteur, puis maître répétiteur au lycée de Toulouse : avril 1865-25 octobre 1872 ; surveillant général au lycée de Rodez : 25 octobre 1872 ; chargé de cours de mathématiques au lycée de Tarbes : 25 septembre 1874 ; censeur au lycée d'Agen : 12 novembre 1877 ; censeur au lycée de Bourges : 14 mai 1879 ; censeur au lycée de Marseille : 7 août 1882 ; proviseur du lycée de Charleville : 8 avril 1886 ; proviseur du lycée d'Avignon : 13 août 1887. (En fonctions en 1897.)

PALETTE. — 1886-88 ; puis proviseur à Annecy et à Nîmes.

HARTER, Jules-Achille, né le 8 octobre à Châtillon-sur-Saône (Vosges). Agrégé de grammaire (1885) ; officier de l'Instruction publique. — Maître d'études au collège de Neufchâteau : 22 décembre 1873 ; passa à Nancy, Pont-à-Mousson, Remiremont, Montluçon, Chambéry, Montluçon, Avignon, La Roche-sur-Yon, Chartres ; censeur au lycée de Marseille : 22 août 1888 ; directeur du petit lycée de Lyon (Saint-Rambert) : 29 avril 1889 ; proviseur du lycée de Saint-Brieuc : 10 octobre 1891 ; proviseur du lycée d'Agen : 31 octobre 1891 ; proviseur du lycée de Douai : 17 mars 1893. (En fonctions en 1894.)

DREVON, Jean-Marie, né le 23 octobre 1850 à Renage (Isère). Docteur ès lettres (1888) ; officier d'académie (1884). Chargé de cours de quatrième au lycée de Tournon : 30 septembre 1875 ; congé pour travail personnel ; 1er octobre 1876 ; chargé de cours de cinquième au lycée de Chaumont : 12 octobre 1877 ; censeur au lycée de Bayonne : 12 août 1881 ; censeur au lycée d'Agen : 11 août 1885 ; censeur au lycée de Marseille : 22 avril 1889 ; censeur au lycée de Carcassonne :

14 août 1890. (En fonctions en 1897.) — C'est le gendre du général de division Vincendon.

Schwartz. — 1890.

Silvestre. — 1890-91.

Chevrier, Gabriel, né le 1er mars 1851 à Theil (Allier); licencié ès sciences (1882-1885); officier d'académie (1885). — Elève maître à l'école normale primaire (Allier): 1er octobre 1857; passé à Gannat, Moulins, Clermont; censeur au lycée de Bastia: 8 avril 1886; censeur au lycée du Puy : 12 août 1887; censeur au lycée de Nevers: 18 mai 1888; censeur au lycée de Marseille: 28 mars 1891; proviseur du lycée de Cherbourg : 28 décembre 1892. (En fonctions en 1894.)

Forgues, Jean-Richard, né le 12 février 1856 à Toulouse. Licencié ès sciences (1879); officier d'académie (1892). — Aspirant répétiteur au lycée d'Agen : 27 décembre 1875; congé : octobre 1878; boursier de licence à Toulouse : 1878-80; aspirant répétiteur au lycée de Toulouse: 4 décembre 1889; suppléant de mathématiques au collège de Castres : 25 février 1881; chargé de cours de physique au lycée d'Auch : 26 avril 1881 : congé (sur sa demande): 5 septembre 1872; professeur de physique (sur sa demande) au collège de Gaillac : 25 octobre 1882; chargé du cours de physique au lycée du Puy : 10 novembre 1883; chargé du cours de physique au lycée de Pau : 29 janvier 1884; censeur au lycée de Montluçon: 13 août 1889; censeur au lycée de Rodez: 21 avril 1890; censeur au lycée de Toulon : 6 mai 1890; censeur au lycée de Marseille: 1er janvier 1893 (il est le 37e censeur du grand lycée); proviseur du lycée du Niort : 24 avril 1897. (En fonctions le 1er octobre 1897.)

Planté, Auguste-Joseph, né le 31 décembre 1851 à Granville (Manche). Licencié ès lettres (1879); officier de l'Instruction publique (1891). — Aspirant répétiteur au lycée d'Alençon: 4 janvier 1873; aspirant, puis maître répétiteur au lycée de Coutances : 29 octobre 1873; délégué dans les fonctions de surveillant général au dit lycée : 7 octobre 1878; professeur de quatrième au collège de Domfront : 4 octobre 1879; maître répétiteur au lycée Saint-Louis : 5 février 1881; surveillant général au dit lycée : 29 décembre 1881; censeur au lycée de Mont-de-Marsan : 8 avril 1886; censeur au lycée d'Evreux : 3 août 1886; censeur au lycée de Lorient : 2 août 1888; censeur au lycée du Mans : 14 août 1890; censeur au lycée de Chambéry : 3 février 1802; censeur au lycée d'Amiens: 1895-1897; censeur au lycée de Marseille : 4 mai 1897 ; le 38ᵐᵉ censeur du lycée. (En fonctions en octobre 1897.)

CHAUDOIN, Marius-Joseph-Louis, né le 19 février 1855. Licencié ès lettres (1880) ; officier d'académie (1890). — Aspirant, puis maître répétiteur au lycée de Marseille : 1ᵉʳ avril 1875 ; maître auxiliaire au lycée d'Aix : 10 janvier 1877 ; professeur de rhétorique au collège de Barcelonnette : 22 octobre 1880 ; chargé de cours de sixième au lycée d'Avignon : 26 novembre 1880 ; chargé de cours de sixième au lycée d'Aix : 21 septembre 188... ; directeur du petit lycée de Nice (Carabacel) : 12 octobre 1885 ; censeur au lycée d'Avignon : 15 décembre 1888 ; censeur au lycée d'Aix : 20 août 1892 ; censeur adjoint au lycée de Marseille (1894). (En fonctions en octobre 1897.)

## MAITRES RÉPÉTITEURS

Aux noms que nous avons cités dans le cours de ce travail il faut ajouter, comme ayant pris part à l'administration ou à l'enseignement :

ARÈNE, Paul, né à Sisteron ; fit de bonnes études au collège de cette ville ; aspirant répétiteur au lycée (1860), où il dirigeait la 11ᵐᵉ étude ; très laborieux, il suivait les cours annexes de la Faculté des sciences ; fut reçu licencié ès lettres à Aix ; passa vers 1862 au petit lycée de Vanves (1), quitta l'Université pour entrer au journal *La Vie Littéraire,* puis au *Temps ;* se fit rapidement un nom dans les lettres ; auteur de divers ouvrages : *La Chèvre d'Or, La Chine, Le Midi bouge, La Tentation du grand saint Antoine, Le Canot des six capitaines, Le dernier Bandit, La Gueuse parfumée, Un Duel aux lanternes,* comédie en un acte, en vers; *Les Ogresses, Contes de Paris et de Provence, Nouveaux Contes de Noël, Jean des Figues, Domnine, Friquettes et Friquets* (1897), etc... Il mourut à Antibes, d'une embolie au cœur, fin janvier 1897.

BENOIST, Henri-Alphonse, né le 7 mai 1839 à Paris ; officier de l'Instruction publique ; agrégé d'histoire (1873) ; — frère du savant professeur de Sorbonne, feu Eugène Benoist, qui fut professeur lui-

(1) Lycée Michelet : ce lycée, par décret impérial du 6 août 1864, devint alors le sixième lycée de Paris sous la direction du proviseur même de Louis-le-Grand, M. Jullien, recteur honoraire.

même au lycée (1856-67). Aspirant répétiteur aux lycées de Dijon et de Marseille : 28 janvier 1858 - 2 décembre 1860 ; maître répétiteur aux lycées de Marseille, Orléans et Saint-Louis : 2 décembre 1860-25 février 1864 ; chargé de cours d'histoire au collège de Lunéville : 25 février 1864 ; chargé de cours d'histoire aux lycées du Puy et de Lons-le-Saunier : 25 mars 1765 - 15 septembre 1873 ; censeur au lycée de Mâcon : 15 septembre 1873 ; censeur au lycée de Montpellier : 4 août 1875 ; proviseur du lycée d'Avignon : 31 janvier 1878 ; proviseur du lycée du Havre : 7 août 1882 ; censeur au lycée Charlemagne : 4 août 1886 ; décédé en fonctions : 3 octobre 1887.

CAZES, Emilien, est aussi sorti du rang : maître répétiteur, professeur d'histoire au collège de Melun, chargé de cours d'histoire au lycée de Sens : 1877 ; puis au lycée d'Auch : 18 octobre 1877 ; inspecteur d'académie à Marseille, 1893-94 ; officier de l'Instruction publique ; inspecteur de l'académie de Paris, à Versailles (1895-97) ; a publié : *Mirabeau ; La Provence et les Provençaux*, etc.

DARTIGUE, Alexandre, né à Grenade--sur-Garonne, maître (1858-62), rédacteur de *La Publicité*, du *Sémaphore*, correspondant de nombreux journaux, chevalier du Sauveur de Grèce ; mort encore jeune à Grenade.

REPELIN, maître auxiliaire, 1889 ; maître de la 10ᵐᵉ étude, 1890 ; docteur ès sciences naturelles, chargé de conférences à la Faculté des sciences de Marseille (1897).

SARRET, Jean, né à Avignon le 22 mai 1838, bachelier ès sciences (juillet 1865), licencié ès sciences physiques et mathématiques (août et novembre 1868) ; quatre ans dans l'enseignement privé ; aspirant répétiteur au lycée de Mâcon (1865-64), au lycée de Marseille (4 octobre 1866), maître répétiteur de 2ᵐᵉ classe, 4 février 1868 ; sorti en décembre 1868, nommé professeur au collège d'Orange ; devenu un des bons professeurs de lycée.

SÉNIDE, Gabriel, de Marseille, externe (1880-83), nombreuses nominations ; maître répétiteur au lycée (1890-95) ; attaché au secrétariat du gouverneur général de l'Afrique occidentale, Saint-Louis du Sénégal (1897).

TRASTOUR, A., répétiteur en 1860 et 1861 ; docteur en médecine, médecin des hôpitaux de Marseille ; s'est signalé pendant l'épidémie cholérique de 1884 et 1885 ; chevalier de la Légion d'honneur (1885).

Vayssière, Albert, docteur ès sciences, professeur adjoint à la Faculté (1897).

## ANCIENS PROFESSEURS

Nombre d'anciens professeurs ont passé dans les lycées de Paris ou dans les Facultés :

Agabriel, Charles-Ferdinand, professeur d'histoire au lycée Saint-Louis, censeur au lycée Carnot. — A. Ammann. — Banet-Rivet. — Abbé Bargès. — Abbé Barnave, Charles, normalien (promotion de 1848), agrégé des lettres, professeur de rhétorique (1855-60), puis de seconde littéraire (1860-63) ; directeur de l'École Salvien à Marseille ; décédé en 1897. — Benoist, Eugène, professeur en Sorbonne. — Cart, L.-W., professeur d'allemand, docteur ès lettres. — Catuffe, François-Apollinaire, né à Villegailhenc (Aude), le 23 juillet 1809 ; agrégé de grammaire (1843) ; officier de l'Instruction publique ; professeur divisionnaire au collège royal de Marseille : 15 novembre 1844 ; censeur au collège royal de Tournon : 22 septembre 1845 ; proviseur du lycée de Périgueux : 20 août 1853 ; proviseur du lycée d'Agen : 4 octobre 1859 ; retraite : 4 août 1870. — P. Clairin, docteur ès lettres, professeur au lycée Louis-le-Grand, traducteur de la grammaire grecque de Curtius. — Combe (2 agrégations scientifiques), membre du Conseil supérieur de l'Instruction publique. — Delibes, Ernest, normalien (1845) ; agrégé d'histoire, chevalier de la Légion d'honneur, ancien conseiller général, président de la Société *La Marseillaise*, vice-président de la Société de Géographie, ardent promoteur et éloquent défenseur de toute institution charitable et humanitaire ; etc... ; vivant en 1897. M. E. Delibes, depuis le 1er janvier 1861, est le correspondant dévoué de l'Association de l'École normale supérieure. — H. Dereux, normalien (pr. de 1865), agrégé de philosophie, profes. seur au lycée Saint-Louis. — Jules Doin, professeur au collège Rollin. — Drincourt. — Maurice Dunan. — Espitallier. — Fénard. — Paul Gaffarel. — G.-Ch. de Laflolie. — Gaspard. — Gauthier. — Paul Granet, préfet d'Alger. — Guérillot. — Guillotel. — Hervier. — Hovelacque. — Lafaye (Lafaist), Pierre-Benjamin, philologue, né au Mont-Saint-Sulpice (Yonne), le 6 juillet 1809, mort à Aix le 5 janvier 1867. Élève de l'École normale (pr. de 1829), professeur agrégé de philosophie au

lycée, puis à la Faculté d'Aix (1846) et doyen de cette Faculté (1853) ;
docteur ès lettres (1833) ; a publié : *De l'enseignement de la philosophie ; Synonymes français* (1841) ; *Dictionnaire des synonymes
de la langue française* (1858); etc. — LAMIRAL, professeur à Charlemagne ; — LARTAIL, Louis, normalien (1842), agrégé de mathématiques, chevalier de la Légion d'honneur ; vivant en 1897. — MACÉ DE
LÉPINAY, Jules, professeur de physique à la Faculté des sciences,
membre de l'Académie de Marseille (1897). — J.-Eug. MAILLET,
normalien (1857). — MARÉCHAL.

MARION, A.-Fortuné, docteur ès sciences, directeur-fondateur de la
station de zoologie marine d'Endoume-Marseille, professeur de zoologie à la Faculté des sciences, correspondant de l'Institut de France
et de la Société Nationale d'Agriculture, de la Société impériale
entomologique de Saint-Pétersbourg, membre d'honneur de la Société
des naturalistes de Moscou; de l'Institut national genevois, de la
Société helvétique des sciences naturelles ; chevalier du Mérite
agricole, de la Couronne d'Italie, de la Couronne de fer d'Autriche-
Hongrie ; commandeur du Christ, de Saint-Stanislas et de Sainte-
Anne (2ᵉ classe) de Russie ; officier de l'Instruction publique ; chevalier
de la Légion d'honneur (janvier 1880), de l'Académie de Marseille ; etc.

MASSON, Paul, docteur ès lettres, professeur d'histoire et de géographie économiques à la Faculté des lettres d'Aix (oct. 1897).— MATHIAS,
Emile, professeur à la Faculté des sciences de Toulouse.,— PHILIP,
— POINCARÉ. — PRESSOIR. — RONDELET, Antonin, professeur de philosophie au lycée (1850-58), philosophe, économiste, nombreux ouvrages : *Mémoires d'Antoine ; Du Spiritualisme en économie politique*,
(1860); *L'Art d'écrire* (1878) ; *Mon voyage au pays des chimères ;
Le Livre de la vieillesse* (1888), etc. — SOUQUET, Paul, normalien
(1868), agrégé de philosophie ; principaux travaux : *Les écrivains
pédagogues du XVIᵉ siècle, Rabelais, Montaigne, etc.*, 1880 ;
*Extraits choisis de l'Emile*, de J.-J. Rousseau, 1882 ; *Eléments de
méthodologie et de morale* (1882), etc.

VESSIOT, Alexandre, normalien (pr. de 1848), agrégé des lettres,
professeur de rhétorique, inspecteur d'Académie, inspecteur de
l'Académie de Paris, retraité, vivant en 1897 ; chevalier de la Légion
d'honneur ; auteur de : *Chansons des Allemands, L'Education à
l'école*, rédacteur en chef de l'*Instituteur ; La Question du latin de
M. Frary*, (1886), etc. — WAHL. — WALLERANT. — OPPER, de
Blowitz (Bavière), professeur d'allemand, publiciste, etc.

Depuis 1876 jusqu'en 1898, l'histoire du lycée n'offre pas d'évène-
ments importants. (Heureux les peuples qui n'ont point d'histoire !...)


## ANCIENS NORMALIENS PROFESSEURS AU LYCÉE


Guichemerre (promotion de 1814), professeur de rhétorique en
1824. — Mermet (pr. 1828), décédé en 1876. — Lafaye ou Lafaist,
Benjamin (pr. 1829), agrégé de philosophie. — Lechevalier (pr. 1832).
— Gisclar (pr. 1834). — Daumas (pr. 1836). — Bayan, Henri (pr. 1837).
— Mourgues (pr. 1839). — Rondelet, Antonin (pr. 1841). — Lartail
(pr. 1842). — Lanzi (pr. 1843). — Rinn, Louis-Wilhelm (pr. 1844). —
Delibes, Ernest (pr. 1845), professeur d'histoire de 1850 à 1869. —
Maréchal, Simon-Charles (pr. 1845). — Drot, Alfred (pr. 1847). —
Valson (pr. 1847). — Barnave (pr. 1848); professeur de 1853 à 1863 :
l'abbé Barnave, directeur de l'Ecole Salvien, 1863-1897, décédé à Marseille le 21 octobre 1897, funérailles le 23 ; de nombreux amis, anciens
et nouveaux élèves se pressaient au convoi de cet homme de bien ;
enterré à Scillans (Drôme), lieu de sa naissance. — Vessiot, Alexandre
(pr. 1848). — Dumas, Etienne-Raymond (pr. 1849). — Ponsot
(pr. 1849). — Dupré, L. (pr. 1849). — Bertrand, D. (pr. 1850).
— Guillemot (pr. 1851). — Durrande (pr. 1851). — Benoist Eugène
(pr. 1852). — Dutert (pr. 1852). — Maréchal (pr. 1852). — Dellac
(pr. 1853). — Gaspard (pr. 1854). — Janet (pr. 1854). — Espitalier (pr.
1856). — Leroux, E. (pr. 1857). — Maillet, Eug. (pr. 1857). — Frais-
sinnes (pr. 1857). — Jeannel, C.-J. (pr. 1858). — Decharme, Paul (pr.
1859). — Prudhon, René (pr. 1830). — Gaffarel, Paul (pr. 1862). —
Monod, Gabriel (pr. 1862). — Amigues, J. (pr. 1863), auteur de :
A travers le ciel, etc. — Chastaing-Delaflolies (pr. 1863). —
Ammann (pr. 1865). — Gerbe (pr. 1865) (1). — H. Dereux (pr. 1865). —
Esparcel (pr. 1865). — Clairin, P. (pr. 1866). — Szymanski (pr. 1867). —
Souquet Paul (pr. 1868). — Drincourt (pr. 1867). — Casanova, Charles
(pr. 1869), décédé à Paris le 27 août 1897. — Pressoir (pr. 1870). —
Pessonneaux, A. (pr. 1872). — Dybowski (pr. 1872). — Macé de Lépinay,
Jules (pr. 1872). — Jamet (pr. 1873). — Guigon, Louis (pr. 1874). —

(1) V. Appendice, note 11.

BIBART (pr. 1874). — BONAFOUS, Raymond (pr. 1876). — JOUFFRET, Michel (pr. 1876). — ISTRIA (pr. 1877). — LÉNA (pr. 1880). — WALLERANT (pr. 1880). — DIMBARRE (pr. 1881). — GOULARD Achille (pr. 1881). — GUIRAUD, Jean. — GIRBAL, Paul. — Etc.

*Sorbonne.* — La Sorbonne, depuis plusieurs années, a aussi fourni à l'Université un brillant contingent d'agrégés, qui souvent ont obtenu les premiers rangs dans les concours : notre lycée compte, parmi les professeurs les plus distingués préparés en Sorbonne : MM. DÉRIAT, Jules ; DURAND (lettres); CART, MULLER (allemand); HOVELAQUE, boursier d'agrégation à la Sorbonne (1887-89) (anglais); HAMERTON, Richard-Edward, né en Ecosse, professeur d'anglais, 7 novembre 1884 ; décédé encore jeune, etc.

## ÉLÈVES OU PROFESSEURS DEVENUS DOCTEURS

*(Il suffira de rappeler les titres des thèses françaises)*

**Docteurs ès lettres.** — LAFAYE : *Dissertation sur la Philosophie atomistique* (année de la soutenance, 1833).

BONAFOUS, Norbert: *Etudes sur l'Astrée et sur Honoré d'Urfé,* 1 v. in-8°, 282 p., 1846.

DAUMAS : *Etudes sur le Mysticisme ; Plotin et sa doctrine,* 1848.

RONDELET, Antonin : *Exposition critique de la morale d'Aristote,* 1847.

BENOIST, Eugène : *Guichardin, historien et homme d'Etat : étude sur sa vie et ses œuvres,* 1862.

JEANNEL, Ch.-J. : *La Morale de Molière,* 1867.

DECHARME, Paul : *Les Muses, étude de mythologie grecque,* 1869.

GAFFAREL, Paul : *Etude sur les Rapports de l'Amérique et de l'ancien continent avant Christophe Colomb,* 1869.

CASTETS, F : *Eschine, l'orateur,* 1873.

MAILLET, J.-Eug. : *De l'essence des passions, étude psychologique et morale,* 1877.

DUMAS, Et.-R. (1) : *Parini, sa vie, ses œuvres, son temps,* 1878.

---

(1) Voir sur Dumas, E.-R., une très intéressante notice par M. Al. Vessiot, dans le Bulletin de l'Association de l'Ecole normale, 1883, p. 32.

Zévort, Edgar, ancien élève du lycée et de l'école normale : *Le marquis d'Argenson et le ministère des affaires étrangères* (de 1744 à 1747) ; 1880.

Clairin, P. : *Du génitif latin et de la préposition* de : *étude de syntaxe, etc.*, 1880.

Pélissier, Léon, ......, 1883.

Jullian, Camille : *Les Transformations politiques de l'Italie sous les empereurs romains, du I" au V° siècle* ( 43 av. J.-C.-430 apr. J.-C.); 6 mars 1883.

Gasquy, Armand : *Cicéron jurisconsulte* (avec une table des principaux passages relatifs au droit contenus dans les œuvres de Cicéron); 29 novembre 1886.

Petit, Edouard : *André Doria, un amiral condottiere au XVI° siècle* (1466-1520); 28 mars 1887).

Ouvré, Henri : *Méléagre de Gadara ;* in-8°, 263 p. ; 4 mai 1894.

Bonafous, Raymond : *Henri de Kleist, sa vie et ses œuvres.* in-8°, 424 p. ; 11 mai 1894.

Guiraud, Jean : *L'État pontifical après le Grand Schisme: étude de géographie politique ;* in-8°, 251 p. et 3 cartes; 20 mars 1896.

Piéri, Marius : *Le Pétrarquisme au XVI° siècle, Pétrarque et Ronsard, ou de l'influence de Pétrarque sur la Pléiade française;* in-8°, 341 p. ; 6 mai 1896.

Masson, Paul : *Histoire du commerce français dans le Levant au XVII° siècle,* 1 fort vol. Paris, Hachette, 1896 ; avec carte.

Viguier, Jules : *Marseille et la Provence sous la Révolution;* 1891.

**Docteurs ès sciences.**— Valson, Claude-Alphonse : *Application de la théorie des coordonnées elliptiques à la géométrie de l'ellipsoïde,* 1854.

Simon, Charles-Marie-Etienne-Théophile : *Sur la théorie géométrique de la rotation de la Terre,* 6 août 1855.

Durrande : *Propriétés géométriques des surfaces analogues à la surface des ondes ;* th. 1864.

Marion, Fortuné : *Recherches zoologiques et anatomiques sur les Nématoïdes non parasites marins,* 1870 ; *Additions aux recherches sur les Nématoïdes libres du golfe de Marseille ;* juillet 1870.

Macé de Lépinay, Jules : *Recherches sur la double réfraction accidentelle ;* 1879.

FABRY, Eugène : *Sur les intégrales des équations différentielles linéaires à coefficients rationnels;* juillet 1885.

JAMET, Emile-Victor : *Sur les courbes et les surfaces tétraédrales;* 26 octobre 1887. — A paru dans les Annales de l'Ecole normale, supplément de l'année 1887.

WALLERANT, Frédéric-Félix-Auguste : *Etude géologique de la région des Maures et de l'Estérel;* 14 juin 1889.

MORGES, Félix-Laurent ; thèse (1880) : *Recherches sur la constitution des sels doubles et sur leur électrolyse thermique.*

ROUQUET, Victor, ancien professeur au lycée : *Etude géométrique des surfaces dont les lignes de courbure d'un système sont planes;* Montpellier, novembre 1882.

VAYSSIÈRE, Albert-Jean-Baptiste-Marie : *Recherches sur l'organisation des larves des Ephémérines;* 1er juin 1882.

GOURRET, Paul-Gabriel-Marie : *Considérations sur la faune pélagique du golfe de Marseille, suivies d'une étude anatomique et zoologique de la* Spadella Marioni, *espèce nouvelle de l'ordre des chétognathes;* 15 novembre 1884.

CHAREYRE, Jules-Joseph-Charles : *Nouvelles recherches sur les Cystolithes;* 19 décembre 1884.

MATHIAS, Emile-Ovide-Joseph, né à Paris : *Sur la chaleur de vaporisation des gaz liquéfiés;* 18 avril 1890.

POINCARÉ, Lucien-Antoine, ancien normalien (1883), professeur au lycée : *Recherches sur les électrolytes fondus;* 25 juin 1890.

FABRY, Charles : *Théorie de la visibilité et de l'orientation des franges d'interférence;* mai 1892.

FABRY, Louis : *Etude sur la Probabilité des comètes hyperboliques et l'origine des comètes;* décembre 1893.

# V

# LES ÉLÈVES

> « Nous devons travailler à nous
> rendre très dignes de quelque em-
> ploi ; le reste ne nous regarde
> point, c'est l'affaire des autres. »
> (LA BRUYÈRE , *Caractères*, II).

PORTRAIT DE LA POPULATION SCOLAIRE : COSMOPOLITE, SURTOUT AUTRE-
FOIS.— SOLENNITÉS, FÊTES : DISTRIBUTION DES PRIX ; PRIX EXCEPTION-
NELS ; PRIX RALLI ; FONDATIONS A ENCOURAGER.— DISCOURS, LISTE.—
LIVRE D'OR. — ANCIENS ÉLÈVES ENTRÉS DANS LE CLERGÉ. —
ASSOCIATION AMICALE.

---

L'écolier marseillais, en apparence turbulent, brusque, capricieux,
parfois nonchalant, au fond généreux et bon, ouvert aux nobles idées,
respectueux et reconnaissant envers ses professeurs, dont il sait
apprécier et le savoir et le dévouement, est meilleur et plus aisé à
conduire que les élèves de la plupart des lycées voisins ; il ne s'est
jamais laissé aller à l'insubordination ou à la révolte.

*La population scolaire* était *surtout cosmopolite*, dans la première
moitié du siècle, où l'on vit affluer, au lycée de notre grande ville
commerciale, des élèves accourus des échelles du Levant, de Turquie,
d'Egypte, de Grèce ; et d'Italie, d'Espagne, de l'Amérique, du nord de
la France, en bien plus grand nombre que de nos jours. Il suffit de
rappeler les noms des Agoub, Baltazzi, Ambanopulo, Cantas, Figari,
Galenzi, Gaspari, Grimanis, Guys, Mavrogordato, Nicolaïdès, Nico-
lopulo, Nattaf, Padoa, Petrococchino, Pincherle, Pissarello, Porrua,
Psichari, Ralli, Rodocanachi, Scaramanga, Rubino, Scouloudi, Serra,
Vagliano, Valensi, Villanova, Vlasto, Zafiropulo, Zaghikian, Zygo-
malas, etc., qui revenaient fréquemment dans les modestes palmarès
*d'autrefois*. Outre la Grèce et l'Italie, l'île de Chypre, Savannah
(Etats-Unis), La Guadeloupe, la Martinique, Smyrne, l'île Bourbon,
Anvers, Figuières (Espagne), l'île de la Trinité, Vosghèra et Alexandrie (Piémont), Salonique, Rome, Rio-Janeiro, Marie-Galande, Calonge

(Catalogne), le Caire, Constantinople, la Nouvelle-Orléans, Palerme, etc., envoyaient leurs contingents.

L'élément aristocratique fournissait aussi plus de sujets, bien des élèves couronnés possédaient la particule : c'étaient les de Castellane, de Pontevès, de Dampierre, de Boisjelin, de Bovis, Robineau de Beaulieu, de Candolle, de Champflorin, de Clavel, Colavier d'Albici, de la Chapelle, de Guérin du Cayla, de Croze, de Fresquet, de Gasquet, de Léautaud de Maublanc, de Malijay, de la Mazelière, de Méreuil, de Montricher, de Maupoint, Novion de Kergrist, de Moren, de Paul, de Possel-Deydier, de Saint-Villiers, de Salve, de Royer-Dupré, de la Souchère, etc. Aujourd'hui, le flot démocratique déborde, plus que jamais l'enfant du peuple réclame sa place au soleil.

Longtemps les distributions de prix se firent avec une simplicité relative; l'ennui s'y glissait souvent ; mais, depuis, elles ont revêtu un véritable caractère de *solennité*, vraie fête pour le pays et les familles, pour le plaisir des yeux et pour le cœur.

## DISTRIBUTION DES PRIX

La distribution des prix du lycée se fit d'abord dans le Musée ou dans la chapelle ; puis (1850-1872), dans la cour des petits, abritée sous un immense velarium et d'énormes platanes ; depuis 1873 environ, dans la cour des moyens, plus spacieuse, mieux ombragée, et sur une estrade mieux décorée. Les distributions de prix, en général (sauf de 1804 à 1807), n'étaient pas accompagnées d'exercices littéraires qui auraient pu rappeler les représentations théâtrales des Jésuites ou de certains pensionnats libres : le compte rendu de cette cérémonie ne contient guère qu'un bref procès-verbal, la mention de deux allocutions prononcées et la liste des élèves couronnés. A mesure que l'on se rapproche des temps actuels, les palmarès ont beau s'enfler et devenir des volumes, la tradition demeure invariable. Dans le palmarès de 1867, pour la première fois le discours d'usage es publié *in extenso*. Dans le palmarès de la fin du 1er trimestre de l'an XII, les professeurs du lycée ne sont pas nommés ; celui de la fin de l'année (1er fructidor an XII, 1804), ne donne pas non plus ces noms. L'an XIII (1805), les exercices publics et la distribution des prix se firent dans la salle du Musée : le jeudi 27, exercices militaires à sept heures du matin aux allées de Meilhan ; des assauts d'armes eurent lieu dans la salle du Musée, et l'inauguration du portrait en pied de l'Empereur.

Voici quelle était la forme et la teneur du procès-verbal de la distribution solennelle des prix en l'année 1825. — Procès-verbal. — « L'an mil huit cent vingt-cinq et le neuvième jour du mois d'août, la Commission chargée du dépouillement des copies des compositions pour les prix s'est réunie, sous la présidence de M. le proviseur, dans la salle des actes du collège royal. M. le censeur a mis sur le bureau les copies des devoirs, qui, d'après la décision des examinateurs, ont mérité les prix et les accessits ; il a présenté en même temps les lettres cachetées dans lesquelles les élèves avaient inscrit leur nom. On en a fait successivement l'ouverture, et, d'après le rapprochement fait entre les caractères portés sur les noms des élèves auxquels ces copies appartiennent, les prix et les accessits ont été décernés dans l'ordre qui suit. »

Il est à noter que, depuis l'origine jusqu'en 1882 environ, les prix d'*excellence* étaient établis d'après les compositions du 1er semestre ; en outre, de 1829 à 1848, la distribution des prix et accessits d'excellence se faisait vers le milieu de l'année scolaire, à Pâques (22 avril 1829, 7 avril 1830, 11 avril 1831, 9 avril... etc.) Ces prix ainsi acquis, dès lors proclamés (conformément au règlement du Conseil royal du 29 novembre 1825). En 1896, un seul prix d'excellence est décerné, dans chaque classe, à l'élève qui a le mieux satisfait à tous ses devoirs ; quant aux autres prix, l'on a rétabli les prix et les accessits *ex-œquo*, et l'on peut ajouter aux accessits des *mentions*.

Il a été impossible de nous procurer le palmarès de 1806 et ceux de 1810 à 1823, id., celui de 1840.

Dans l'espace de quatre-vingt-quinze ans, la distribution des prix a eu une tendance constante à avancer ; elle s'est faite récemment, en 1889, un mois et demi avant l'époque où elle avait lieu en 1807.

La première distribution des prix (trimestrielle) a eu lieu dans la chapelle du lycée le 6 janvier 1804 (ou le 15 nivôse an XII de la République), sous la présidence du conseiller d'Etat préfet Thibaudeau : le proviseur prononce une paternelle allocution ; puis le citoyen Thibaudeau, un petit discours rappelant qu'il a fait, il y a un an, l'inauguration de cette grande école ; cette première cérémonie n'est que le prélude de la solennité plus importante qui doit avoir lieu à la fin de l'année. Il nous a paru intéressant de rapporter le discours du préfet citoyen A.-C. Thibaudeau :

« Depuis que l'administration de ce département m'a été confiée, j'ai fait tous mes efforts pour mettre en activité ce grand établissement consacré par le Gouvernement à l'étude des sciences et des lettres et à l'instruction de la jeunesse. Je recueille dans ce moment le prix le plus doux de mes travaux, en voyant les premiers succès des élèves.

« Les récompenses qui vous sont décernées honorent autant que vous les professeurs, les maîtres et les dignes chefs du lycée. Votre gloire leur est commune ; je me plais à leur rendre publiquement le témoignage qu'ils ont, par leur zèle et leur constance, vaincu de grandes difficultés, et que, par la pratique des vertus et la stricte observation des règlements, ils ont maintenu dans cet établissement l'ordre, la salubrité, la propreté, l'émulation et les bonnes mœurs.

« En faisant, il y a un an, l'inauguration de cette grande école, j'annonçai aux parents que leurs enfants y trouveraient tous les secours d'une bonne éducation. Leur confiance n'a point été trompée : chaque jour le nombre des élèves augmente, et je n'ai pas cru pouvoir placer dans un dépôt plus sûr le seul de mes fils, l'objet le plus cher à mon cœur.

« La cérémonie qui nous rassemble n'est que le prélude de la solennité plus importante qui doit avoir lieu à la fin de l'année. Vous qui recevez aujourd'hui les récompenses décernées au mérite, ne vous endormez pas sur ces premiers lauriers ; redoublez de travail et d'assiduité pour soutenir ce commencement de réputation que la moindre négligence pourrait détruire. Vous avez encore beaucoup à faire, à étudier, à apprendre pour vous préparer à de plus grands combats. Vous qui ne participez point à ces récompenses, ne vous abandonnez pas au découragement, réparez le temps passé dans une oisiveté blâmable ou dans une funeste indifférence ; que ce malheur, car c'en est un que de ne pas recueillir sa part des prix, vous serve de leçon pour l'avenir et soit pour vous la source d'une nouvelle émulation. Ce qui se passe dans cette enceinte retentit non seulement dans le sein de vos familles, mais jusqu'à l'auguste chef de la République. Vous êtes une partie de cette pépinière qu'il a fondée pour réparer les ravages du temps et pour fournir à l'Etat des citoyens capables de soutenir, dans toutes les fonctions, la gloire du nom français. Ceux d'entre vous qui ne tromperont pas l'espoir de la patrie recueilleront un jour les bienfaits du Gouvernement et la reconnaissance nationale, comme ils recueillent aujourd'hui la satisfaction de leurs parents, les suffrages de leurs maîtres, ceux des autorités et de la cité tout entière. »

Ce discours d'un magistrat qui connaît l'influence de l'éducation sur l'esprit public et le bonheur des individus a été couvert d'applaudissements et suivi de la distribution des prix. Les exercices publics eurent lieu presque tous les jours, durant dix jours, du samedi 16 au mardi 26 thermidor an XII. Les exercices publics du lycée impérial eurent lieu dans la salle du Musée, du lundi 24 au dimanche 30 thermidor de l'an XIII (1805).

Les exercices publics de 1807 durèrent trois jours, matin et soir, du 7 septembre au jeudi soir 10 septembre et se terminèrent par un concert et la distribution des prix. Entre autres compositions traitées par les élèves de la classe de belles-lettres, l'élève Ebrard lut celle-ci : *L'Éloge funèbre des Français morts à la bataille de Friedland.* Large place accordée aux exercices militaires, de danse, de natation.

Dans le procès-verbal de la fin de cette année scolaire 1807 figurent pour la première fois les noms des professeurs : MM. Vasse, Nicolas, Daubuisson et Blanpin, professeurs de mathématiques ; de MM. Mévolhon, Bonasse et Brunet, professeurs de latinité, et M. Gabriel Touilh, professeur de langue arabe ; maîtres de musique : MM. Ravel, Capry, Hill et Viani ; des exercices militaires : M. Deoux ; de danse : M. Recurrendo.

La distribution du 8 septembre 1808 fut présidée par le préfet Thibaudeau. Après une ouverture à grand orchestre, exécutée par le corps de musique du lycée, le Président prononce une allocution ; M. Mévolhon, professeur de belles-lettres, lit le discours d'usage. Il annonce l'institution par Napoléon d'un concours décennal. Le 7 septembre 1809, la cérémonie fut présidée par le même préfet Thibaudeau, dont l'allocution fut vivement applaudie ; puis l'orateur officiel, M. Mévolhon, lit un discours *Sur les prétentions à l'universalité des connaissances ;* et le proviseur, un troisième discours.

Ci-dessous les *dates* des distributions et les noms de leurs *présidents* :

En 1804, 16 thermidor an XII, préfet Thibaudeau. — 1805, 24 thermidor an XIII, proviseur Reboul. — 1807, 10 septembre, préfet Thibaudeau. — 1808, 8 septembre, id. — 1809, 7 septembre, id. —

1824, 23 août, l'abbé Bonnafous, proviseur. — 1825, 24 août, Mgr de Mazenod, évêque. — 1826, 24 août, l'abbé Bonnafous, proviseur. — 1827, 21 août, le recteur Mourre. — 1828, 21 août, id. — 1829, 25 août, id.

1830, 25 août, le recteur L. Cottard. — 1831, 27 août, le recteur Desmichels. — 1832, 27 août, id. — 1833, 28 août, M. le Préfet. — 1834, 27 août, le recteur Desmichels. — 1835, 24 octobre, M. le Maire. — 1836, 24 août, M. Borély, procureur général. — 1837, 24 août, le recteur Desmichels. — 1838, 29 août, id. — 1839, 28 août, le recteur Defougères.

1840, 27 août, le recteur Defougères. — 1841, 30 août, M. Réguis, président du tribunal civil. — 1842, 31 août, le recteur Defougères. — 1843, 29 août, id. — 1844, 29 août, id. — 1845, 29 août, id. — 1846, 26 août, le Maire, pair de France. — 1847, 26 août, M. Dunoyer, secrétaire général de la Préfecture. — 1848, 12 août, le recteur Roustan. — 1849, 13 août, id.

1850, 13 août, M. de Suleau, préfet. — 1851, 13 août, le recteur Roustan. — 1852, 12 août, id. — 1853, 10 août, id. — 1854, 10 août, point, à cause du choléra. — 1855, 9 août, M. le préfet de Crèvecœur. 1856, 13 août, l'inspecteur Schmit. — 1857, 10 août, le proviseur Courtade. — 1858, 12 août, id. — 1859, 16 août, id.

1860, le 13 août, M. le recteur Desclozeaux. — 1861, 12 août, préfet de Maupas. — 1862, 12 août, M. l'évêque P. O'Cruice. — 1863, 11 août, M. Rouvière, maire. — 1864, 10 août, le préfet de Maupas. — 1865, 8 août, recteur Desclozeaux. — 1866, 9 août, M. Bernex, maire. — 1867, 6 août, préfet Levert. — 1868, 6 août, recteur Vieille. — 1869, 10 août, Peyrot, inspecteur.

1870, 3 août, M. Rigaud, premier président. — 1871, 5 août, Peyrot, inspecteur. — 1872, 31 juillet, de Kératry, préfet. — 1873, 30 juillet, Limbourg, préfet. — 1874, 1er août, recteur Ch. Zévort. — 1875, 9 août, de Tracy, préfet. — 1876, 1er août, recteur Ch. Zévort. — 1877, 1er août, M. Pihoret, préfet. — 1878, 1er août, préfet Tirman. — 1879, 1er août, M. le recteur Bourget.

1880, 31 juillet, général Billot, sénateur. — 1881, 30 juillet, Poubelle, préfet. — 1882, 29 juillet, id. — 1883, 2 août, Poubelle, préfet. — 1884, 23 juillet, année du choléra. — 1885, 30 juillet, préfet Cazelles. — 1886, 28 juillet, M. F. Granet, ministre des postes et des télégraphes (1). — 1887, 30 juillet, M. F. Baret, maire. — 1888, 27 juillet, préfet Lagarde. — 1889, 25 juillet, maire Baret. 1890, 26 juillet, Challemel-Lacour, vice-président du Sénat. — 1891, 31 juillet, recteur Belin. — 1892, 30 juillet, maire, docteur Flaissières. — 1893, 29 juillet, préfet Deffès. — 1894, 31 juillet, général Canonge. — 1895, 31 juillet, de Rossi, président du tribunal civil. — 1896, 31 juillet, M. Ch. Causeret, inspecteur. — 1897, 30 juillet, M. le préfet Floret.

**Petit Lycée.** — Depuis 1869, l'usage a prévalu de faire deux distributions de prix : la veille de la grande distribution, se fait, dans le même local et le même appareil, la distribution des prix du Petit-Lycée et des classes élémentaires ; depuis 1895, on lui a même consacré un palmarès distinct.

Les présidents de ces fêtes de famille furent :

MM. Grenier, proviseur (1869). — 1870, inspecteur Peyrot. — 1871, id. — 1872, Grenier. — 1873, inspecteur Henri Bayan. — 1874, Bayan. — 1875, id. — 1876, Ch. Zévort, recteur. — 1877, Pihoret, préfet. — 1878, Dédebat, secrétaire général. — 1879, inspecteur Belin. — 1880, Faure, secrétaire général. — 1881, recteur Bourget. — 1882, proviseur Gallerand. — 1883, Massat, secrétaire général. — 1884, proviseur Dalimier. — 1885, Leroux, secrétaire général. — 1886, inspecteur Beurier. — 1887, Granet, inspecteur honoraire. — 1888, Laugier, secrétaire général. — 1889, Paul Bret, adjoint. — 1890, Jourdan, adjoint. — 1891, Marguery, adjoint. — 1892, inspecteur Cazes. — 1893, inspecteur Szymanski. — 1894, général Canonge. — 1895, O. Caillol de Poncy. — 1896, proviseur L. Guigon. — 1897, Louis Arnavon, président de la section marseillaise du Comité de l'Alliance Française. — Il est regrettable que la plupart des discours de ces présidents n'aient pas été conservés et publiés.

L'époque de la rentrée des classes a aussi beaucoup varié :

En 1803, jusqu'en 1831, à la fin d'octobre. — 1832, le 15 octobre. — 1833, le 21 octobre. — 1834, le 21 octobre. — 1835-1845, le 24 octobre. — 1846, le 22 octobre. — 1847-1850, le 14 octobre. — 1851, le 6 octobre. — 1852, le 4 octobre. — 1853, 4 octobre. — 1854, très tardive, incertaine ; cause : le choléra. — 1855, le 2 octobre. — 1856, le

6 octobre. — 1857, le 5 octobre. — 1858, le 11 octobre. — 1859, le 25 octobre.

En 1860-1863, le 9 octobre. — 1864, le 10 octobre. — 1865, le 9 octobre. — 1866, le 4 octobre. — 1867, le 2 octobre. — 1868, le 5 octobre. — 1869, le 4 octobre.

En 1870, le 3 octobre. — 1871, le 2 octobre. — 1872, le 30 septembre. — 1873, le 2 octobre. — 1874, le 1er octobre. — 1875-1876, le 4 octobre. — 1877-1878, le 1er octobre. — 1879, le 2 octobre.

En 1880, le 4 octobre. — 1881, le 3 octobre. — 1882, le 2 octobre. — 1883, le 1er octobre. — 1834 (choléra), le 2 octobre ; réellement le 12. — 1885, le 1er octobre. — 1886-1889, le 30 septembre.

En 1890, le 1er octobre. — 1891, le 2 octobre. — 1892, le 3 octobre. — 1893, le 2 octobre. — 1894-1896, le 1er octobre. — 1897, le 3 octobre.

Le lendemain de la rentrée des internes, les classes commencent, à l'issue de la messe du Saint-Esprit, qui se dit chaque année à 8 heures dans la chapelle du lycée.

Voici les titres des différents *discours* prononcés, de 1808 à 1809 et de 1831 à 1897, à la distribution des prix.

Depuis 1869, à la distribution des prix du Petit lycée annexe, qui a lieu la veille de la grande distribution, il a été prononcé, par les divers présidents, des allocutions très touchantes qui eussent mérité d'être conservées.

En 1808, M. Mévolhon, professeur de belles-lettres, prononce le discours d'usage, sur *le désir de l'estime et des récompenses publiques; l'amour de la gloire, mobile des grandes actions.*

1809, le même orateur officiel fait un discours concernant *les prétentions à l'universalité des connaissances.*

De 1810 à 1830, pas de traces de discours.

1831, M. Dunoyer, professeur de philosophie, discours sur l'*utilité des études philosophiques;* le recteur, sur *la vertu, la discipline, le patriotisme.*

1832, M. Giscaro, professeur de troisième, prononce un discours sur *le naturel dans la poésie et les beaux-arts;* et M. le recteur, sur *les études classiques.*

1833, le discours de M. Toulouzan, professeur d'histoire, roule sur *l'accord de l'histoire avec le christianisme.*

1834, simple allocution du recteur.

1835, M. Hazard, professeur de troisième: *l'utilité de l'étude des langues anciennes.*

1836, discours de M. Borrély, professeur de troisième, touchant *l'insuffisance de l'instruction et la nécessité des croyances religieuses pour le bonheur de la famille, de la société et de la patrie;* et allocution de M. Borély, procureur général, sur *la liberté, l'ordre et le travail.*

1837, allocution du recteur Desmichels.

1838, discours de circonstance du recteur.

1839, discours de M. Bonafous, professeur de rhétorique, sur *l'influence des hommes de lettres sur leur siècle et sur la postérité.*

1840, pas de discours, ni même de palmarès...?

1841, discours de M. Pons, professeur d'histoire; sujet : *la société française et les devoirs qu'elle impose aux jeunes gens qui sortent du collège;* puis allocution de M. le président Réguis: *comparaison entre les professeurs et les magistrats; l'État est une grande famille.*

1842, M. Hazard, professeur de seconde, a parcouru *les diverses branches de l'enseignement universitaire.*

1843, discours de M. Bonafous, professeur de rhétorique, dans lequel il examine *quelle a été et quelle est encore aujourd'hui l'influence du christianisme sur les arts de l'imagination;* — allocution du recteur : *les principes de vertu, de religion, de travail doivent diriger notre vie; l'étude du beau et du bien s'accordent ensemble.*

1844, discours de M. Lafaye, professeur de philosophie, où il traite *des avantages de l'instruction publique et du travail ;* — et de M. le recteur président : *excellents fruits de la vie commune du collège.*

1845, discours de M. Bonafous, professeur de rhétorique, où il a exposé *quelques considérations sur l'état actuel de la langue française.*

1846, M. Tamisier, professeur agrégé de troisième, avait pris pour texte de son discours *les gloires de Marseille;* — allocution de M. le maire président: *le travail est la loi générale et une véritable nécessité.*

1847, discours de M. Rebitté, professeur de rhétorique, sur *les études littéraires comparées avec les études tant scientifiques qu'industrielles, et de leur supériorité comme moyen d'éducation publique ;* — et de M. Dunoyer, président, sur *les principales branches de l'enseignement classique.*

1848, discours de M. Philippi, professeur de quatrième, qui avait choisi pour sujet : *de l'Université ;* — et de M. le recteur Roustan : *la distribution des prix, fête de famille et patriotique.*

1849, discours de M. Rebitté, professeur de rhétorique, sur *la poésie populaire ;* — allocution du recteur : *l'instruction du lycée n'est rien sans l'éducation et les principes de la morale.*

1850, discours de l'abbé Baret, professeur de philosophie : *de l'importance de la philosophie dans l'enseignement scientifique, et de l'alliance qui doit exister entre elle et les enseignements de la foi chrétienne ;* — de M. de Suleau, préfet, président : *le travail des élèves est un utile apprentissage de la vie ; mais les connaissances ne sont rien sans les principes de la morale et de la religion.*

1851, 1852, pas de discours mentionné.

1853, discours de M. Fr. Tamisier, sur *le passage du collège dans le monde, et les gloires du lycée de Marseille* (1).

1854 (choléra) : ni discours, ni distribution solennelle.— Les élèves, pour témoigner leur sympathie à l'armée d'Orient, offrent de joindre à leur souscription la valeur des livres de prix qui devaient leur être distribués. Réponse flatteuse et félicitations du ministre.

1855-1861, pas mention de discours au palmarès.

1862, discours de M. E. Delibes, sur *l'étude de l'histoire* (2).

1867, discours de M. Decharme sur *l'érudition.*

1868, discours de M. R. Dumas, professeur de seconde, sur *la renaissance des études grecques.*

1869, M. de Calonne, professeur de troisième, fait un *parallèle entre l'éducation commune et particulière ;* — allocution de M. l'inspecteur Peyrot : *de l'influence de l'instruction sur l'éducation, les bonnes études.*

1870, allocution de M. de Calonne, sur *la guerre et la paix.*

1871, pas de discours.

1872, discours de M. Dutert, professeur de seconde, sur *la régénération.*

1873, discours de M. G. de la Filolie, professeur de troisième, sur *la vie écolière et le travail.*

1874, discours de M. Lamiral, professeur de troisième, sur *les livres et les solides lectures.*

---

(1) Voir la note 15 à l'Appendice.
(2) Voir la note 16 à l'Appendice.

1875, discours de M. Ammann, professeur d'histoire, sur *l'éloge du travail et de l'énergie ; amour de la discipline.*

1876, discours de M. Dereux, professeur de philosophie : *de la tolérance dans la discussion.*

1877, discours de M. Espitalier, professeur de sixième, sur *le patriotisme.*

1878, discours de M. Maurice Dunan, professeur d'histoire, sur *l'histoire de la ville de Marseille* (prononcé par M. Philip, professeur de sixième (2ᵐᵉ division).

1879, M. Jules Macé de Lépinay, professeur de physique, parle *de l'importance des travaux de Fresnel.*

1880, discours de M. Pressoir, professeur de troisième, sur *la poésie française et l'amour de la patrie.*

1881, M. Gauthier, professeur de quatrième, a traité *de la grammaire et des études grammaticales.*

1882, discours de M. Jules Doin, professeur de rhétorique *: de la tolérance.*

1883, discours de M. Paul Souquet, professeur de philosophie, sur *la nécessité des fortes études avant de choisir une carrière ; — et de M. le préfet Poubelle, sur *les réformes libérales de l'Université.*

1884 (choléra), pas de discours. — Les vacances durèrent trois mois, du 8 juillet au 12 octobre.

1885, discours de M. F. Agabriel, professeur d'histoire, sur *l'histoire des institutions et des mœurs en France.*

1886, discours de M. Bonafous, professeur de rhétorique, sur *l'utilité et l'agrément des voyages pendant les vacances.*

1887, discours de M. Michel Jouffret, professeur de philosophie, sur *l'esprit de critique.*

1888, discours prononcé par M. Germain Arnaud, professeur de rhétorique : *de l'utilité des études grecques.*

1889, discours de M. Léna, professeur de seconde, sur *la santé de nos lycéens.*

1890, discours de M. Paul Girbal, professeur d'histoire, sur *l'histoire et l'érudition.*

1891, discours de M. Marius Piéri, professeur de seconde, sur *la jeunesse studieuse ; travail en commun des élèves et des maîtres.*

1892, discours prononcé par M. A. Breylon, professeur d'histoire,

sur *l'enseignement de notre histoire nationale: colonies perdues, le Canada*, etc.

1893, discours de M. Armand Gasquy, professeur de seconde, sur *la camaraderie au lycée et, par suite, dans la vie.*

1894, discours par M. Jules Flory, professeur de lettres (enseignement secondaire moderne), sur *le bon sens et la bonne humeur des élèves en Provence.*

1895, discours par M. Gustave Derepas, docteur ès lettres, agrégé de philosophie, sur *l'Art et la vie moderne.*

1896, discours par M. V. Jamet, professeur de mathématiques, *sur la politesse.*

1897, discours de M. Paul Masson, professeur d'histoire et de géographie, *sur l'esprit d'initiative.*

Afin de donner une idée générale du ton et des opinions dominantes dans les premiers discours, nous avons cru piquant de reproduire *in-extenso* et à titre de curiosité, le premier conservé de ces discours, celui du recteur Desmichels, prononcé le 28 août 1831, dont voici le texte :

« Mes jeunes camarades, — Il y a vingt ans qu'à pareil jour et dans ces mêmes lieux, l'imposant spectacle de la solennité qui nous rassemble, et surtout l'appareil de ces couronnes, faisaient naître dans mon cœur une inquiète et palpitante émotion. Elle se renouvelle aujourd'hui, mais sans ce mélange de crainte qui précède toujours une victoire douteuse. Je ne parais ici que pour jouir de vos succès, heureux de mêler ma joie aux douces larmes de vos mères, et de joindre mes applaudissements aux suffrages de vos premiers magistrats dont la présence donne un caractère civique à cette fête de la jeunesse. Aussi, je ne veux pas que vous voyiez en moi le chef de l'académie, chargé de distribuer à chacun de vous sa part de gloire, mais bien plutôt un de vos aînés qui vient assister aux triomphes de ses jeunes frères; je me plais dans cette illusion et, si j'étais assis à côté de vous, je me croirais revenu à ces jours sereins où ma vie s'écoulait en paix, dans ces murs et sous ces ombrages, entre le travail et l'espérance. Cette sécurité d'esprit était à l'épreuve des luttes classiques, les seules où les vainqueurs emportent l'affection des vaincus. Vos devanciers en conserveront toujours un souvenir doublement cher; leurs combats furent contemporains des triomphes de la patrie, nous l'admirions alors victorieuse et dominante, vous l'aimez aujourd'hui indépendante et libre.

« Plus heureux que vos pères, vous jouirez sans réserve de cette liberté qui est le gage assuré de la victoire, quand la victoire devient la condition de l'existence ou de l'honneur. Puissé-je, du moins, dire vrai pour une noble nation dont l'héroïsme fraternel a vivement ému vos jeunes courages. La sympathie que vous sentez pour elle vous avait inspiré une généreuse résolution qu'il nous eût été bien doux de réaliser. Mais ceux qui n'ont pu accepter d'avance votre sacrifice ne vous défendent pas de l'accomplir; c'est par là qu'il aura tout son prix... — (Un grand nombre d'élèves du collège avaient demandé que la somme affectée aux prix fût envoyée au Comité polonais.)

« Eh! comment pourrions-nous refouler dans vos cœurs des sentiments où nous aimons à voir le témoignage d'un caractère élevé et d'un précoce patriotisme! La plus noble mission confiée à vos maîtres n'est-elle pas de cultiver cet instinct moral que la Providence a mis en nous pour ennoblir notre destinée! Mais la vertu même, quand elle se passionne, demande à être tempérée. Résignez-vous donc, comme nous, à une nécessité qui n'est que justice.

« N'oubliez pas que la discipline du collège doit vous initier à de plus grands devoirs; elle est une préparation à l'exercice des droits qui vous attendent et qu'il ne faut pas devancer. Travaillez plutôt à vous en rendre dignes, et ils ne seront plus dangereux, ni pour vous-mêmes, ni pour vos concitoyens. Lorsque la société, en vous recevant dans son sein, vous demandera compte de ce que vous aurez fait pour y occuper un rang honorable, elle ne s'informera pas seulement si ces langues harmonieuses qu'ont parlées jadis les héros de la Grèce et de Rome trouvent en vous des interprètes fidèles; si les chefs-d'œuvre qu'elles enfantèrent ont suffisamment prémuni vos vives imaginations contre les hardiesses des novateurs littéraires; si l'histoire vous a montré souvent, dans la longue série de ses révolutions, un grand peuple qui le matin se trouve enchaîné, brise ses fers avec le glaive, et rentre le soir dans ses foyers domestiques après avoir assuré le règne des lois; si les sciences enfin, dans leurs rigoureuses abstractions, ont satisfait la curiosité de votre esprit et l'exigence de votre raison. Ce que la société réclamera de vous, c'est que vous lui apportiez la ferme volonté d'appliquer vos talents à l'utilité de vos semblables, et surtout, que le savoir acquis par votre labeur ne soit pas dans vos mains un instrument de dommage.

« Mais telles ne sont pas nos craintes. Vous avez prouvé, par votre conduite dans des temps difficiles, que vous serez à la hauteur des destinées qui vous sont préparées. Cet ordre qui n'a cessé de régner ici pendant qu'au dehors une grande perturbation mettait aux prises tant de passions ennemies, nous est un sûr garant que vous remplirez un jour vos devoirs de citoyens, comme vous accomplissez ceux qui n'en sont que l'apprentissage. Vous avez bien compris cette liberté que vos frères ont glorieusement reconquise, et dont ils sauront défendre le dépôt contre les attaques du despotisme et de la licence ; vous avez senti, en un mot, que ce bien précieux n'a pu être donné en partage à l'homme que pour étendre le cercle de ses devoirs et lui laisser la responsabilité de ses actes.

« Ce sont là les sentiments que vous avez puisés dans les leçons et, je le dis hardiment, dans les exemples de vos maîtres. Cette juste appréciation des choses sera le plus beau résultat de vos études. Aussi, lorsque le jour viendra, et il va sonner pour plusieurs d'entre vous, de descendre dans la lice de la vie, où vous attendent tant de combats, vous pourrez y rentrer sans peur : c'est le moyen d'en sortir sans reproche.

« Vous apprendrez dans cette épreuve, qui n'est pas sans périls, tout ce qu'il faut d'abnégation personnelle pour rester honnête homme et bon citoyen. Dans un siècle où les croyances religieuses semblent avoir perdu leur salutaire empire, la notion du devoir n'est pas toujours facile à saisir, et l'application en exige d'autant plus d'efforts sur nous-mêmes. Laissons donc à la morale publique le flambeau qui l'a si longtemps éclairée, et donnons-lui pour auxiliaire le patriotisme fécond en bonnes actions aussi bien qu'en glorieux exploits. C'est ainsi que la société civile, tant de fois ébranlée, pourra se rasseoir et se raffermir, et il appartiendra à la génération nouvelle de concourir à ce grand œuvre, dont le soin doit être commis en des mains habiles et pures.

« L'héroïsme populaire, qui a placé la haute vertu sur le plus beau trône du monde, nous a montré la voie que nous devons suivre ; et la royauté nationale démentirait son origine, si, dispensatrice des récompenses de la patrie, elle n'en réservait l'honorable bienfait au mérite et à la vertu. Confiez donc votre avenir à la royale sagesse

qui a déjà sauvé le présent ; elle répondra aux vœux comme aux
besoins de la France. »

## PRIX EXCEPTIONNELS OU EXTRAORDINAIRES

A propos des prix fournis par des gens riches ou des Sociétés,
constatons que l'origine de ces créations appartient aux Jésuites. On
lit, en effet, dans J. Quicherat (1) : « Les stimulants que les Jésuites
employaient étaient ceux de l'émulation et de l'amour-propre : les
confréries d'honneur et les académies..., les titres d'empereur, de
consul, de tribun, décernés aux premiers dans les compositions, les
petites décorations portées sur l'habit, les distributions des prix qu'ils
convertirent en une institution à la gloire des particuliers non moins
que des élèves, car ils éveillèrent parmi les gens riches l'ambition de
fournir ces prix, en introduisant dans la cérémonie où ils étaient
décernés l'éloge public des donateurs... »

*Prix d'Aumale.* — A la distribution des prix du 30 août 1841, un
prix a été accordé par Monseigneur le duc d'Aumale aux élèves de
philosophie et de rhétorique, à l'occasion de la visite dont Son Altesse
Royale a honoré le collège royal de Marseille, le 2 août 1841. — Prix
de discours français : Masse (Jules), de Marseille, élève interne de
philosophie. Plus six mentions honorables à : Roux (Adolphe), Mazan
(Antoine), Ravel (Alphonse), Roux (Louis), de Laboulie (Gustave),
Touache (Hippolyte). Le sujet de cette composition a été envoyé par
Son Altesse Royale elle-même.

— Depuis le 9 août 1855, des prix d'honneur ont été fondés par la
ville de Marseille, en mathématiques spéciales, philosophie, rhétorique.

*Prix du Prince impérial.* — En 1858, la Ville de Paris fit frapper
une médaille en commémoration de la naissance du Prince impérial ;
le Ministre de l'Instruction publique voulut qu'une de ces médailles
fût donnée en prix, dans tous les lycées, à celui des élèves qui se
serait le plus distingué par la conduite et le travail. Cette médaille fut
méritée par l'élève Gensoul (Louis), de Marseille, interne (aujour-
d'hui avocat).

(1) J. Quicherat, *Histoire de Sainte-Barbe*, t. II, pp. 60, 61 ; Paris,
Hachette, 1860.

— En 1867, l'Association amicale des anciens élèves du lycée de Marseille a fondé un prix d'honneur destiné à l'élève de l'enseignement secondaire moderne déclaré le plus méritant par les professeurs. Le premier élève qui le mérita en 1867 est Michel, Ludovic (aujourd'hui docteur en médecine). — (Voir dans les derniers palmarès le rappel de ces prix, année par année, jusqu'à 1897).

— En 1873, après un cours d'hygiène fait aux élèves des classes de mathématiques spéciales, mathématiques élémentaires, philosophie, un prix offert par le docteur Evariste Bertulus, médecin du lycée (1).

— Prix de géographie fondés par la Société de Géographie de Marseille, décernés pour la première année le 1ᵉʳ août 1877. On lit dans le tome I du bulletin de la Société de Géographie, pour l'année scolaire 1877-78 : « ... 2°, trois prix seront décernés, au nom de la Société de Géographie, aux trois élèves du lycée de Marseille appartenant aux classes suivantes : 1° classe de rhétorique ; 2° classe de mathématiques élémentaires et aspirants à Saint-Cyr ; 3° enseignement spécial (troisième année), qui auront obtenu la plus forte somme de points dans les compositions de géographie de l'année classique 1877-78, tant dans le premier que dans le second semestre. »

*Prix Auguste Ralli.* — Par décret du 12 mai 1879, les héritiers de M. Auguste Ralli ont été autorisés à fonder, au lycée, un prix annuel consistant en une somme de mille francs et une médaille d'argent. Ce prix, décerné à l'élève de mathématiques spéciales qui a obtenu la supériorité pour l'ensemble des facultés, soit dans les examens hebdomadaires, soit dans les compositions écrites, fut décerné pour la première fois, pour l'année 1878, à l'élève Dauriac, Fortuné (Voir les derniers palmarès pour les suivants...)

— Depuis 1889, des récompenses sont accordées par le Ministre de la guerre aux meilleurs élèves du lycée, en exercices militaires et en gymnastique.

— Depuis 1892, 1893, des médailles sont offertes en prix par la Société de Tir de Marseille.

— Prix fondés en 1893 par la section de Provence du Club Alpin

---

(1) Notre établissement a eu pour médecins et chirurgiens : en 1809, Cauvière ; vers 1810, Louis Robert; de 1873 à 1897, les docteurs Bertulus, Combalat, de Vésine-Larue, Villeneuve, Gallerand, Désiré Bernard, Fioupe, Roux, Laplane (médecin-adjoint) ; — Chirurgien-dentiste : Collin.

français, accordés aux élèves de seconde (A et B) qui auront obtenu la supériorité dans les trois facultés suivantes : Composition française, histoire et géographie. Le prix fut décerné pour la première fois le 29 juillet 1893 à la classe préparatoire à Saint-Cyr.

— Depuis 1892, un prix a été fondé par la Société scientifique Flammarion, de Marseille, pour l'élève de seconde moderne qui a obtenu, pendant toute l'année, la supériorité en physique et en chimie. En 1896, ce prix a été décerné en première moderne (section scientifique) (1).

— En 1895, des prix ont été fondés par les Sociétés gymnastiques « la Phocéenne » et « le Gymnast-Club ».

— En 1896, récompenses décernées par la Société de Topographie de France à la classe préparatoire à Saint-Cyr; rappel pour 1895.

En 1886, prix d'honneur offert par M. Granet, ministre des postes et télégraphes, à l'élève des classes supérieures qui s'est le plus distingué par ses efforts et ses succès : Rougier, Albert, de Saint-Claude.

— En juillet 1887 et en 1889, un prix d'honneur fut offert par M. F. Barel, maire de la ville, à l'élève des classes de grammaire qui s'était le plus distingué par ses efforts et ses succès.

— Enfin, le 29 juillet 1893, une médaille d'argent a été décernée par M. le Ministre de l'Instruction publique à l'élève qui a le mieux satisfait à tous ses devoirs : Beausire, Léon, de Dijon, interne (mathématiques spéciales).

### CONCOURS GÉNÉRAL

On ne saurait terminer cette étude sans parler du Concours général qui, chaque année, excite une si vive émulation dans notre population scolaire.

« L'origine du Concours général (dit M. Chauvin) remonte au siècle dernier et se rattache à une circonstance toute fortuite : la mort d'un sieur Louis Legendre, qui n'avait rien de commun avec l'Université. Il mourut le 1ᵉʳ février 1733, léguant ses biens aux villes de Rouen et de Paris. Par son testament olographe du 4 février 1732, il laissait plusieurs legs et fondait de nombreux prix à gagner au concours. Le testament entrait dans les moindres détails de ce

(1) Voir la note 17 à l'*Appendice*.

concours. A cette occasion fut établi le *prix d'honneur* de discours latin.

En 1747, « on lut la proclamation des prix en commençant par le discours latin. Aucune distinction spéciale n'avait été stipulée pour ce prix ; une circonstance toute fortuite en décida autrement. Lorsque le lauréat parut sur l'estrade, le recteur, au lieu de le couronner lui-même, le renvoya *par honneur* au premier président, Charles de Maupeou. Telle a été l'origine du titre de prix *d'honneur* accordé au premier prix de discours latin. » On ne lira pas sans intérêt la liste de ceux qui l'ont mérité, au lycée de Marseille, depuis 1804 jusqu'à nos jours.

1804 : Prix de belles-lettres latines : Billot, Jean-François, d'Aix. — 1808 : Classe de littérature, 1ᵉʳ prix de discours latin : Nègre, Jean-Baptiste, pensionnaire. — 1818 : Nouveaux : Lepeytre Frédéric. — 1819 : Vétérans : Lepeytre Frédéric. — 1825 : Bonnet, Gustave, — 1826 : Martin, Auguste. — 1828 : Isnard, François. — 1829 : Roumieu Théophile.

1830 : Spitalier, Martin. — 1831 : Magnan, Hippolyte. — 1832 : De Moren, Léon. — 1833 : Chaudon, Adolphe. — 1834 : Guiol, Louis. — 1835 : Borel, Paul. — 1836 : Vétérans : Porry, Eugène ; Nouveaux : Frachier, Achille. — 1837 : Luce, Gustave. — 1838 : Barbegier, Auguste. — 1839 : Moularde Amédée.

1840 : Gazielle, Alfred. — 1841 : Rambaud, Alfred. — 1842 : André, Auguste. — 1843 : Pompéï, François. — 1844 : Roux, Ernest. — 1845 : Trémolière, Joseph. — 1846 : Ralli, Etienne. — 1847 : Simonin, Louis. — 1848 : Vétérans : Lepeytre, Frédéric ; Nouveaux : Lebas, Auguste ; — 1849 : Vlasto, Alexandre.

1850 : Delibes, Gustave, de Marseille. — 1851 : Poitevin, Auguste, de Brignoles. — 1852 : Baccuet, Emilien, de Marseille. — 1853 : Gilly, Antoine, de Marseille (Institution Donadey). — 1854 : Deleuil, Baptistin, de Marseille. — 1855 : Chauvot, Charles, d'Oran. — 1856 : Vlasto-Ralli, Théodore, de Constantinople. — 1857 : Vétérans : Chauvot, Charles, d'Oran ; Nouveaux : Gensoul, Louis. — 1858 : Chabrier, Albert, de Belgentier (Var). — 1859 : Rostand, Eugène, de Marseille.

1860 : Barthélemy, Félix, de Marseille. — 1861 : Padoa, Albert, de Marseille. — 1862 : Markheim, Henri-Williams, de Smyrne. — 1863 : Gardair, Joseph, de Marseille (Pensionnat Daumont). — 1864 : Granet, Paul, de Paris. — 1865 : Granet, Félix, de Marseille. — 1866 : Drujon, Jules-Antoine-Joseph, interne. — 1867 ; Fallot, Louis-Arthur-Etienne. — 1868 : Monod, Charles, de Marseille, externe. — 1869 : Charlan, Joanni, de Tarascon.

1870 : Vétérans : Laplane, Joseph, de Marseille ; Nouveaux : Delibes, Albert, de Marseille. — 1871 : Bertrand, Henri, de Beyrouth (Syrie). — 1872 : Fabry, Auguste, de Marseille. — 1873 : Suzanne, Marius, de Fuveau. — 1874 : Sicard, Ferdinand, de Montpellier. — 1875 : Lacour, Georges, de Marseille. — 1876 : Percheron, Maurice, de Rodez. — 1877 : Vétérans : Jullian, Camille, de Marseille ; nouveaux : Clavaud, Paul, de Marseille. — 1878 : Laplane, Eugène, de Marseille. — 1879 : Vétérans : Monod, Augustin-Horace. — Nouveaux : Jacquemet, Henri, de Marseille, externe. Dans la classe de rhétorique le prix d'honneur, qui était primitivement le premier prix de discours latin, a été transféré, par arrêté du 22 juin 1880, au premier prix de discours français.

1880 : Prassacachi. Nicolas, de Marseille, interne. — 1881 : Vétérans : Pélissier, Léon, de Marseille ; Nouveaux : Vessiot, Ernest, de Marseille. — 1882 : Sacoman, Aimé, de Marseille, interne. — 1883 : Court, Louis, de Sétif (Algérie), interne. — 1884 : Massot, Pierre, de Marseille. — 1885 : Lartail, Emile, d'Avignon, interne. — 1886 : Lavie, François, de Marseille. — 1887 : Rougier, Albert, de Saint-Claude (Jura). — 1888 : Abeille, Dieudonné, de Marseille, externe. — 1889 : Trambouze, Bertrand, de Cours (Rhône).

1890 : Gardair, Léonce, de Marseille, externe. — 1891 : Rambaud, Marius, de Marseille, externe. — 1892 : Lavie, Pierre, de Sommières (Gard). — 1893 : Section A : Pautrier, Lucien, de Marseille ; Section B : Arth, Lucien, de Mostaganem. — 1894 : Section A : Arnavon, Jacques, de Marseille, nouveau ; Section B : Mondielli, Auguste, de Constantine, vétéran ; Beausire, Etienne, de Pouillenay (Côte-d'Or). — 1895 : Section A : Longa, Henri, de Genève ; Section B : Junès, Emile, de Sousse (Tunisie). — 1896 : Section A : Michel, Marius, de Marseille : Section B : Sauerwein, Jules, de Marseille. — 1897 : Nepveu, André, de Paris , Section B : Prost, Jean, de Marseille.

A la suite d'un décret impérial du 28 mai 1864, et de l'arrêté de Son Excellence M. le ministre de l'Instruction publique du 10 avril 1865, un concours général fut établi entre les élèves des lycées et collèges des départements qui avaient obtenu dans les concours particuliers de chaque académie, une des quatre premières nominations en philosophie, en mathématiques spéciales, en mathématiques élémentaires, en discours latin et en histoire. L'élève Granet, Félix-Armand-Etienne, de Marseille, qui avait déjà obtenu au concours académique le second prix de discours latin, obtint au concours général le premier prix, prix de l'Empereur... L'année suivante 1866, l'élève Ferdinand Brunetière, de Toulon (Var), interne, obtint le prix d'honneur de rhétorique fondé par la Ville, et, au concours académique, le deuxième prix de composition en histoire ; et, en 1867, le prix d'honneur de philosophie (Ville de Marseille).

Voici la liste des élèves de mathématiques spéciales qui, dans les vingt-quatre dernières années, ont mérité le prix d'honneur :

1874 : Guigon, Louis, de Perpignan, interne. — 1875 : Filaire, André, de Fontvieille (B.-du-Rh.), interne. — 1876 : Stalla, Etienne, de Laïgueglia (Italie), interne. — 1867 : Bonnel, Henri, de Pont-de-Château, interne. — 1878 : Rémusat, Léon, de Marseille, externe. — 1879 : Rouvière, Emile. — 1880 : Béjot, Amédée, de Châteauroux, interne. — 1881 : Cauvet, Léon, de Marseille, externe. — 1882 : Carlhan, Henri, de Briançon, interne. — 1886 : Aroles, Jules, de Perpignan, interne. — 1884 : Fourcroy, Georges, de Marseille, interne. — 1885 : Blanc, Auguste, de Marseille, externe. — 1883 : Chide, Marcelin, de Toulon, interne. — 1887 : Rougier, Maurice, de Saint-Claude (Jura), interne. — 1888 : Tourrès, Léon, de Sisteron, interne. — 1889 : Crémieux-Molina, Maxime, de Marseille, interne. — 1890 : Dulac, Henri, de Fayence (Var), interne. — 1891 : Audibert, Pascal, de Châteauvert (Var). — 1892 : Pichot, Henri, de Manosque, interne. — 1893 : Bégou, Paul, de Marseille, interne. — 1894 : de Sablet, Maurice, de Philippeville. — 1895 : Vaillant, Adolphe, de Toulon. — 1896 : Alamelle, Jean, de Gordes. — 1897 : Chauvin, Léon, d'Antibes.

*Les tableaux du parloir.* — Pour consacrer la mémoire des triomphes du lycée au concours général, on a placé dans le parloir une série de portraits, quinze photographies agrandies, des glorieux lauréats ; ce sont les élèves :

1865 : Granet, Félix, de Marseille, prix de l'Empereur, discours latin ; professeur Vessiot. — 1868 : Monod, Charles, de Marseille, prix de l'Empereur, discours latin ; professeur Vessiot. — 1870 : Remusat, Jules, 1er prix de mathématiques élémentaires, compris Paris ; professeur Dellac. — 1872 : Fabry, Auguste, de Marseille, 1er prix d'honneur, discours latin ; professeur Vessiot. — 1873 : de Montricher, François, de Marseille, prix unique de mathématiques, (mathématiques élémentaires). — 1873 : Lacour, Georges, de Marseille, 2ᵐᵉ prix d'histoire (rhétorique). — 1874 : Poutet, Victor, de Roquevaire, 1ᵉʳ prix de mathématiques ; professeur Dellac. — 1877 : Jullian, Camille, de Marseille (vétéran), 1ᵉʳ prix d'histoire ; professeur Ammann. — 1877 : Biais, Charles, de Marseille (vétéran), 2ᵐᵉ prix d'histoire ; professeur Ammann. — 1884 : Gaymard, Auguste, de Marseille (vétéran), 2ᵐᵒ prix de littérature française, enseignement spécial. — 1887 : Rougier Albert, de Saint-Claude, 1ᵉʳ prix de version grecque; professeur Arnaud. — 1887 : Rougier, 2ᵐᵉ prix de discours latin ; professeur Bonafous. — 1894 : Christine, Francis, de Draguignan, 1ᵉʳ prix de chimie et histoire naturelle; professeur Fouque. — 1895 : Longa, Henri, de Genève, 2ᵐᵉ prix de composition française; professeur Arnaud. — 1895 : Cademartory, Léon, de Saint-Léger (Alpes-Maritimes), 2ᵐᵉ prix d'histoire et géographie; seconde moderne.

L'*Officiel* du 31 juillet 1897 a publié les nominations suivantes obtenues par notre lycée au concours général :

Mathématiques spéciales. — Professeur : M. Amigues. — 6ᵉ accessit : Chauvin, Léon ; 7ᵉ accessit : Benoît Alexandre.

Mathématiques élémentaires. — Professeur : M. Goulard. — 2ᵉ prix *ex æquo* avec Paris : Alphandéry, Paul.

Philosophie. — Professeur : M. Jouffret. — 1ᵉʳ prix : Alphandéry, Paul; 1ᵉʳ dans la comparaison avec Paris.

Rhétorique, Composition française. — Professeur : M. Arnaud. — 2ᵉ prix : Chaudié, Louis (1); 4ᵉ accessit : Nepveu, André.

Histoire et géographie. — Professeur : M. Guiraud. — 3ᵉ accessit : Nepveu, André.

Anglais. — Professeur : M. Lestang. — 4ᵉ accessit : Bosc, Henri ; 5ᵉ accessit : Larrouy, Maurice.

Enseignement moderne, 1ʳᵉ sciences. Physique et chimie. — Professeur : M. Fouque. — 1ᵉʳ accessit : Zoretti, Ludovic.

Le lycée de Marseille, avec ses dix nominations dont trois prix, a été classé le *premier* de toute la province.

_____

(1) M. Chaudié Louis est le fils de M. Chaudié, gouverneur général de la Côte occidentale d'Afrique.

**DERNIERS SUCCÈS DU LYCEE DE  MARSEILLE.** — *(19 octobre 1897)*

Résultats des concours d'admission aux grandes Écoles du gouvernement :

*Ecole Polytechnique :* 3 élèves admis, les jeunes Chauvin (n° 53), Magnaschi (n° 94) et Peyre (n° 135).

*Ecole de Saint-Cyr :* 10 élèves admis, les jeunes Demoulin (n° 51), Castinetti (n° 76), Bucheton (n° 114), Coutellier (n° 137), Fine (n° 148), Armand (n° 268), Goutaray (n° 279), Bianchi (n° 408), Bernard (n° 499) et Chauvet (n° 538).

*Institut Agronomique :* 1 élève admis, le jeune Petit (n° 12).

*Ecole Centrale :* 1 élève admis, le jeune Estratat (n° 170).

La rentrée des élèves a eu lieu, pour le cours préparatoire à l'Ecole Polytechnique, le dimanche soir 24 octobre 1897 et, pour le cours préparatoire à l'Ecole de Saint-Cyr, après les congés de la Toussaint.

# LIVRE D'OR DU LYCÉE

---

« Peu de villes ont donné à la
« la mère patrie autant d'hommes
« distingués que la nôtre, elle n'a
« jamais démérité du riche héri-
« tage que lui laissa la Grèce, et
« son soleil fut toujours un soleil
« inspirateur... »
                GASTON DE FLOTTE
                *(Essai sur la Littérature)*

Ce chapitre est consacré au rappel des élèves les plus distingués, devenus célèbres à divers titres : combien d'élèves du lycée, en effet, ont brillamment fait leur chemin dans les lettres, les sciences, les arts, le commerce et l'industrie, dans la presse, dans l'administration, l'Université, la marine, l'armée, l'Eglise!... Rappelons-en quelques-uns, au hasard de nos souvenirs déjà bien lointains, au risque d'en omettre, et non des moindres...

ABRAM, Alexandre, de Saint-Chamas, interne (1855-61), nombreuses nominations; avocat distingué, président de chambre au Tribunal civil (1897).

ABRAM, Benjamin, de Marseille, externe (1857-66), avocat, docteur en droit, ancien bâtonnier, conseiller général, ex-maire d'Aix.

ACHARD, Louis-Amédée-Eugène, né à Marseille le 19 avril 1814, d'une famille de commerçants; mort à Paris le 25 mars 1875; fécond romancier, débuta au *Sémaphore* de Marseille, collabora au *Vert-Vert*, à l'*Entr'acte* et au *Charivari;* il publia : *Parisiennes et Provinciales; Brunes et Blondes; Dernières Marquises; Lettres parisiennes; Nelly; Belle-Rose; Maurice de Treuil; De Paris au centre de la France;* etc.; officier de la Légion d'honneur (15 avril 1866).

ADVINENT, Emile, de Marseille, externe (1852-60), publiciste, rédacteur au *Petit Marseillais* (pseudonyme Maxime Aubray), directeur du *Petit Marin*, etc.

AGOUB, Joseph, né en Egypte, élève en 1803, mort en octobre 1832 à Marseille; éloquent historien de l'antique Egypte; poète et littérateur, professa l'arabe littéral dans une école annexée au collège Louis-le-Grand. Son dithyrambe sur l'Egypte est un chef-d'œuvre.

Aicard, Albert, de Marseille, interne (1862-71), avocat, doyen de la Faculté libre de droit (1897).

Albrand aîné, Pierre-Jean-Baptiste, né à Marseille, externe (1807-1810), élève de l'école secondaire de M. Bizot; de l'Ecole normale, section des lettres (1812-14), professeur à Clermont, à Aix, étudia le droit, fut habile homme d'affaires à Marseille, adjoint au maire; décédé en 1855. — Son frère Albrand jeune, François-Fortuné-Joachim, eut de nombreuses nominations (vers latins, vers français; prix d'excellence et deux premiers prix, en 1807); célèbre orientaliste, mort à Madagascar. — Une rue de Marseille porte leur nom.

Arago, Antoine, de Perpignan.

Arnavon, Jacques, de Marseille, externe (1887-95), brillant élève : chaque année le prix d'excellence ; 1894, en rhétorique, le prix d'honneur fondé par la Ville et huit prix; 1895, en philosophie, prix d'excellence ; en 1897, il a été reçu licencié ès lettres (mention *Bien*.)

C'est le fils de M. Louis Arnavon, le célèbre fabricant de savon, président du Comité de l'*Alliance française*, le sympathique et généreux mécène des universitaires.

Audier, Antoine, né à Marseille le 24 novembre 1857; interne de l'enseignement spécial (1870-74), laborieux, succès marqués (1873, premier prix de comptabilité, etc.); nommé agent de change le 13 août 1877, souvent membre de la chambre syndicale.

Autran, Joseph-Antoine, de Marseille, né en juin 1813, élève externe (pensionnat Daumont, 1831-33); poète, académicien, auteur des *Poèmes de la mer, Laboureurs et Soldats, La Vie rurale, Milianah, La Fille d'Eschyle, etc.;* mort à Marseille le 6 mars 1877. — Une rue de la ville porte son nom.

Aycard, Marie, poète et romancier, né à Marseille le 9 novembre 1794, mort le 6 juin 1859; publia : *Ballades provençales ; Trilby ou la Batelière du lac Beau ; Le comte de Horn, etc.*

Barbaroux, Paul, d'Aups, interne (1870-75), nombreuses nominations : en 1875, prix d'honneur du lycée, en philosophie. Avoué à Toulon.

Barbarroux, Paul-Alexandre, né à Marseille le 23 août 1848, interne (1856-63); excellent élève ; nombreuses nominations ; avocat et avoué, ancien adjoint au maire de Marseille (1887-1892).

Barthélemy, Félix, de Marseille, externe (1858-61) ; brillant élève : prix d'honneur de rhétorique, en 1860, et de logique, dissertation en français, en 1861. Ex-Président du Tribunal de commerce. Chevalier de la Légion d'honneur.

BARTHELET, Edmond, de Vaudrey (Jura), externe (1861-63); ex-directeur du *Sémaphore*, président-fondateur de la Société des Etudes économiques, membre de la Chambre de Commerce (1897) ; a publié : *Défoncements à vapeur dans les Basses-Alpes ; Concours régional d'Aix*, etc.; chevalier de la Légion d'honneur (1896).

BÉRARDI, Jean-Baptiste-Léon, publiciste, né à Marseille le 22 novembre 1817, fit en partie ses études à Lyon, puis au collège de sa ville natale, et vint les terminer à Paris au collège Henri IV. Reçu licencié en droit à l'âge de 19 ans, il s'adonna à la littérature, fit jouer à Paris *Le Papillon jaune et bleu*, 1844 ; en 1846, fut rédacteur, puis directeur politique et rédacteur en chef de l'*Indépendance Belge ;* officier de la Légion d'honneur.

BERTAGNA, Jérôme, né à Alger le 11 mai 1843, interne (1858-61) ; penchant prononcé pour les sciences et l'histoire ; négociant, cultivateur et grand propriétaire à Bône ; membre du Conseil municipal (1870) et maire de Bône (1888-97), conseiller général du département de Constantine (1880) et président de cette Assemblée (1888-96) ; délégué au Conseil supérieur du gouvernement de l'Algérie (octobre 1886) ; président de la Chambre de commerce (1878-88) et juge au Tribunal de commerce de Bône (1881-88) ; officier d'académie, décoré de la médaille coloniale, chevalier de la Légion d'honneur.

BERTHELOT, Sabin, l'aîné, né à Marseille le 4 avril 1794, mort en 1880, élève interne (1803-1806), ancien secrétaire général de la Société de Géographie de Paris, membre honoraire correspondant de la Société de Géographie de Marseille, consul de France aux Canaries, retraité, officier d'académie ; auteur de : *La Pêche sur la côte occidentale d'Afrique ; Oiseaux voyageurs et Poissons de passage ; Mes oiseaux chanteurs ; Vitalité des mers; Antiquités canariennes ; Journal d'un voyageur* (1879) ; *Souvenirs intimes ou Miscellanées épistolaires* (1883); *Eloge historique du contre-amiral Dumont d'Urville ;* etc.

BERTIN, Horace (Simon Bense dit), né à Marseille le 28 octobre 1842, interne (1855-63), publiciste, rédacteur au *Sémaphore*, au *Petit Marseillais* (1897), président du Syndicat de la presse marseillaise ; a publié entr'autres ouvrages : *Croquis de province ; Les Heures marseillaises; Marseille intime; Les Petits Coins de Marseille; Marseille inconnu; Histoire d'un garde civique ; Les Marseillais, mœurs et paysages,* etc. Officier d'académie, 1882 ; chevalier de la Légion d'honneur (1892).

BERTRANON, Joseph, de Belley, interne (1860-69) ; brillant élève, publiciste, avocat ; officier d'académie.

BERTULUS, Paul, né à Marseille le 23 mai 1851, externe (1861-69); 1873, avocat, attaché au parquet de la cour d'Aix ; substitut à Barcelonnette, Brignoles, Draguignan ; procureur de la République à Barcelonnette, Grasse ; juge d'instruction à Nice, conseiller à la cour de Chambéry ; juge d'instruction à Paris (1897).

BIAIS, Charles, de Marseille, interne (1872-78) ; deuxième prix d'histoire au concours général, 1877 ; prix d'honneur en philosophie, 1878 ; professeur agrégé des lycées.

BLANCARD, Louis, né à Marseille le 22 septembre 1831, élève à deux reprises, en 1840 et en 1847-48; numismate et historien, élève de l'Ecole des Chartes, 1849 ; correspondant de l'Institut, chevalier de la Légion d'honneur ; secrétaire perpétuel de l'Académie de Marseille ; il a publié sur la numismatique de nombreux et importants travaux : *Essai sur les monnaies de Charles 1er, comte de Provence*, etc. (1868), livre couronné par l'Institut en 1880 ; *Inventaires sommaires des archives départementales des Bouches-du-Rhône antérieures à 1790*, 2 vol. ; *Documents inédits sur le commerce de Marseille au Moyen Age*, 2 vol. ; *Les Chartes de Saint-Gervais-lez-Fos ; Document relatif au tunnel du mont Viso ; Documents inédits sur l'histoire politique de Marseille ; Sur les armoiries d'Avignon ; Les rois francs et la croix salique sur les monnaies mérovingiennes* (1897); etc, Officier de l'Instruction publique.

BONAFOUS, Marie-Audelin-Raymond, né à Salon le 9 octobre 1856 ; interne (1868-74), lauréat au concours académique, 1873 (2e prix de de discours latin), normalien (1876-79) ; professeur de rhétorique au lycée, docteur ès lettres (1894), chargé de cours de littérature étrangère à la Faculté des lettres d'Aix (1895).

BONNET, Joseph-Gustave, ingénieur, né à Marseille le 18 juin 1810, mort le 9 février 1875; entré à l'Ecole Polytechnique en 1828 et à l'Ecole des Ponts et Chaussées en 1830; il devint inspecteur général en 1869 ; il dirigea, à partir de 1854, le service des travaux publics de la ville de Lyon : on lui doit : *Portefeuille municipal de la ville de Lyon ; Distribution des eaux, égouts, gaz* (1869).

BONNIER (colonel) : l'élève Bonnier, inscrit au palmarès sous le nom de De la Chapelle, Eugène, de Saint-Leu (La Réunion) ; interne, brillants succès en 1873 : prix du préfet, nominations en mathématiques spéciales ; il fut tué près de Tombouctou. Il avait au lycée un frère Gaëtan, brillant élève aussi, aujourd'hui (1897) colonel à Saint-Étienne.

BONNIFAY, Auguste, de Marseille ; interne ( 1854-65 ), souvent couronné : 2 prix d'honneur de mathématiques spéciales, 1865 ; élève de l'École Polytechnique ; lieutenant de vaisseau (1897).

BOSQ, Paul, né à Marseille le 25 février 1845, élève interne, puis externe (1856-61), publiciste, rédacteur au *Figaro* et au *Petit Marseillais* (1897) ; chevalier de la Légion d'honneur ; a publié divers ouvrages : *Marseille et le Midi à l'Exposition universelle ; Voyage autour de la République ; Versailles et les Trianons.*

BOUDOURESQUE, Auguste-Acanthe, né à la Bastide-sur-l'Hers (Ariège), en 1835 ; externe (1850-51) ; fut engagé en 1876 à l'Opéra pour y tenir l'emploi des basses profondes, que la retraite de Belval laissait vacant à ce théâtre. Il fit son premier début le 21 janvier 1876, dans le rôle de Marcel des *Huguenots ;* il joua Bertram, de *Robert le Diable ;* don Pedro, de l'*Africaine ;* Walther, de *Guillaume Tell ;* le Gouverneur, du *Comte Ory*, etc. ; en 1885, il quitta l'Opéra, entra au théâtre de la Scala, de Milan. Depuis, il s'est fait entendre sur diverses autres scènes de France et d'Italie ; mais s'est surtout consacré au professorat : vit à Endoume, près de Marseille, en 1897, dans sa riche villa *Meyerbeer.*

BOUGE, César-Auguste, né à Marseille le 23 juin 1853, élève à l'école annexe du lycée (1860-61) ; avocat, conseiller municipal et adjoint, député de Marseille (22 septembre 1889) ; l'est encore en 1897 ; auteur de remarquables travaux d'économiste : *Les Conditions du travail et le Collectivisme* (1897) ; deux ans rapporteur du budget de l'Instruction publique (1897).

BOUNIN, François-Polydore, de Marseille, élève (1823-25), brillants succès en rhétorique et philosophie ; membre du Cercle des Beaux-Arts ; publia des poésies : *Deux Ans* (Marseille, 1834) ; *Essais poétiques*, etc.

BOURGES, Elémir, de Manosque, interne (1863-69), prix d'honneur de rhétorique, 1868 ; romancier : *Le Crépuscule des dieux*, etc.

BOURGOGNE, Jules, né en 1847 à Saint-Maximin ; interne (1857-64) ; nombreuses nominations ; négociant en grains, président (1897) du Club Alpin (section de Provence), etc.

Bovis (de), Edmond, de Lorgues (Var).

Bret, Paul, de Grenoble, interne : prix d'honneur de philosophie, dissertation en français (1863); publiciste, adjoint au maire, membre de l'Académie de Marseille, chevalier de la Légion d'honneur ; a publié : *Le Paysage provençal*, brochure.

Brouillon, Théodore, de Marseille, externe, puis interne (1864-74) ; élève distingué : souvent les premiers prix, presque toujours le 1ᵉʳ prix d'excellence ; docteur en médecine ; membre de la Commission de la bibliothèque de la ville et de la Commission du Musée archéologique ; collectionneur numismate émérite; il a publié de nombreux opuscules de numismatique.

Brunetière, Marie-Ferdinand, né à Toulon le 19 juillet 1849 ; interne (1863-67); prix d'honneur en rhétorique et en philosophie; académicien (8 juin 1893). Directeur de la *Revue des Deux-Mondes*, 11 décembre 1893. Principaux ouvrages : *Etudes critiques ; le Roman naturaliste ; Histoire et Littérature ; L'Influence des Femmes dans la Littérature française (Revue des Deux-Mondes*, 1886); *Science et religion ; Manuel de l'histoire de la littérature française* (1898), etc., etc.; chevalier de la Légion d'honneur.

Caillol de Poncy, Octavien, de Marseille, externe surveillé (1858-62), chimiste expert-juré, professeur de physique médicale à l'Ecole de médecine à Marseille, officier de l'Instruction publique; président de l'Association amicale des anciens élèves (1896-97); principaux travaux : *Recherches de médecine légale et d'industrie ; Recherches sur les falsifications de l'écriture; Recherches sur l'application des courants de haute pression dans la thérapeutique ; Histoire de l'Industrie à Marseille* (1892) ; nombreux rapports sur l'Industrie à Marseille, etc.

Campredon, Louis-François, né à Marseille le 15 mai 1846, externe (1858-62); grand industriel, négociant importateur-exportateur en vins et spiritueux (14 grands prix, 41 diplômes d'honneur, 18 grandes médailles d'or); propriétaire des eaux et établissements d'Aulus (Ariège), etc. Chevalier de la Légion d'honneur, de la croix d'Isabelle, croix du Monténégro, etc., etc.

Castellane (de), Jules, de Riez.

Castets, J.-Ch.-Ferdinand, de Cayenne, interne (1852-56), normalien (1857), agrégé de grammaire, docteur ès lettres, doyen de la Faculté des lettres et maire de Montpellier.

Chabrier, Albert, de Belgentier (Var), externe (1857-58), prix d'honneur de discours latin ; fut, de 1887 à 1896, professeur de rhétorique au lycée Louis-le-Grand ; mort en avril 1896, à Paris ; a publié : *Les Orateurs politiques de la France* (1888).

CHAILAN, Paul-Sébastien-Antoine-Fortuné, né à Aix le 20 janvier 1801. Ses parents l'envoyèrent faire ses classes au lycée impérial de Marseille, qu'il quitta en 1814 à la suite des événements politiques de ces temps-là ; quatre ans après, il fut nommé employé à la préfecture de la Loire ; il se maria à Marseille ; jeune encore, il fut atteint, le 28 février 1839, d'une pneumonie grave qui l'emporta le 24 décembre 1840. Il composa, en 1831, un *Cours de théorie pratique de Jaugeage de tonneaux ;* il fit jouer, sur le Gymnase de Marseille, un mélodrame, *Jules César ou le Siège de Marseille* (trois actes, 27 décembre 1827) ; donna une comédie : *Le Magicien par hasard ;* travailla au journal littéraire *La Boussole ;* publia le *Rytholomètre ou Table générale des mesures de capacité ; Relation sur la Sainte-Baume ; Histoire du choléra-morbus ;* en 1829, un des fondateurs de l'Athénée de Marseille ; 1ᵉʳ décembre 1830, secrétaire de la Société de Statistique de Marseille ; 2 janvier 1838, de la Société des Sciences, etc., de Marseille; *Lou Gangui*, contes, anecdotes et facéties ( 4ᵉ édition, Marseille, 1894).

CHAUVOT, Charles, d'Oran, externe, puis interne (1850-57) ; nombreuses nominations, dont le prix d'honneur de rhétorique, discours latin (1855, M. Lanzi) et de logique (1856) ; refit sa rhétorique en 1857 comme vétéran, sous M. Barnave ; normalien (promotion de 1857) ; chargé de cours aux lycées de Nice, de Carcassonne, de Marseille (1897) ; officier de l'Instruction publique.

CHEVILLON, Joseph, de Marseille, externe (1856-58), médecin, maire d'Allauch, conseiller général, député des Bouches-du-Rhône, officier d'académie, chevalier de la Légion d'honneur. La physionomie du riche et bon docteur Chevillon n'est nullement celle d'un socialiste farouche.

CORNEILLE, Pierre-Alexis, né à Marseille le 23 janvier 1792, mort à Paris le 16 mars 1868. L'un des bons élèves du lycée ; élève de l'Ecole normale, 1813 ; arrière-petit-fils du grand poète Pierre Corneille ; il professa (1815-1830) l'histoire au collège royal de Rouen ; publia un excellent traité de la *Géographie de la France par bassins ;* trois fois député, en 1852, 1857, 1863.

COUSINERY, Barthélemi-Edouard, ingénieur, né à Marseille le 29 octobre 1790, mort en 1851 ; élève pensionnaire (1803-1807) ; entré à l'Ecole Polytechnique en 1808 et à l'Ecole des Ponts et Chaussées en 1810 ; il a été, avec Méry et Poncelet, l'un des promoteurs de l'emploi du calcul graphique (la statique graphique). Ses principaux ouvrages sont : *Géométrie perspective ou Principes de Projection polaire appliqués à la description des corps* (1828) ; *Le Calcul par le trait* (1839) ; *Géométrie de précision* (1851), *Recueil des Tables à l'usage des ingénieurs.*

DELIBES, Albert, de Marseille, externe (1867-71) ; brillant élève (deux prix d'honneur en rhétorique, 1870 ; prix d'honneur de philosophie, 1871).—Son frère, Delibes, Jules, eut aussi de nombreux succès.

DELOBRE, Félix, né à Marseille le 13 novembre 1834, externe (1846-52) : brillant élève en rhétorique (M. Rebitté) et philosophie (M. Rondelet) ; avocat, rédacteur depuis 1863 du *Journal de Jurisprudence commerciale et maritime ;* professeur de Droit commercial à la Faculté libre de Marseille (1881-97).

DELORD, Taxile, journaliste et littérateur, né à Avignon le 25 novembre 1815, mort le 16 mai 1877 ; fut élevé dans la religion protestante ; fit ses études au collège de Marseille (1830-34), écrivit dans le *Sémaphore* avec toute la jeunesse lettrée de la ville ; rédacteur au *Charivari*, au *Siècle* ; historien : *Histoire du Second Empire.*

DERBÉS, Alphonse, laborieux élève : en 1825 il obtint le prix d'honneur de mathématiques spéciales, professeur d'histoire naturelle, puis de physique (1850-54) au lycée ; en 1855, docteur ès sciences, professeur à la Faculté des Sciences lors de sa création ; l'un des créateurs des cours publics durant vingt années ; grand prix de physiologie (1852, Académie des sciences).

DESMICHELS, Ovide-Chrysanthe, né au Val (Var), le 2 janvier 1793, élève du lycée : brillants succès ; admis en 1812 à l'Ecole normale ; professeur d'histoire au collège de Montluçon, aux collèges royaux de Henri IV et de Bourbon ; recteur à Aix en 1831, puis à Rouen (1838-42) ; décédé à Hyères le 2 janvier 1866. Il publia en 1827 une bonne *Histoire générale du Moyen Age*, longtemps classique ; *La Liberté de la Presse et des journaux sans restriction*, 1817 ; etc.

DROGOUL, Lucien, de Marseille (pensionnat Bellon, 1860-62) ; solides études ; avocat distingué, bâtonnier de l'ordre.

DRUJON, Jules-Antoine-Joseph, de Tarascon, interne ; prix d'honneur de philosophie, dissertation française (1867).

Dussaud, Auguste, de Courthezon (Vaucluse), interne (1853-58), nombreuses nominations ; ingénieur, rentier à Paris.

Dussaud, Louis, de Carpentras, interne (1851-55). Après une campagne de travaux d'ingénieur à Talcahuano (Chili), il vit rentier à Marseille (1897); décoré du Medjidié d'Egypte.

Dussaud, Joseph, de Marseille, interne (1851-54), ingénieur, chevalier de la Légion d'honneur. — Leur frère aîné, Elie Dussaud (77 ans en 1897), fut le constructeur des quais de la Joliette et des ports et quais de Smyrne. Grâce aux vaillants frères Dussaud, à la suite d'un contrat passé le 27 décembre 1867 avec une Société, les quais de Smyrne, qui s'étendent sur une longueur de 4 kilomètres, donnent à cette ville de 200.000 âmes un cachet tout à fait européen ; ils ont dépensé plus de 14 millions pour mener à bien leur entreprise : en outre, MM. Dussaud et Guiffray ont popularisé dans le pays la langue française.

Estienne (d'), Henri, de Marseille (1828).

Estienne, Lazare, de Marseille, prix d'honneur de philosophie, dissertation française (1851).

Estier, Adolphe, de Marseille, externe (1869-73), élève distingué ; armateur, ex-président de la Société pour la Défense du Commerce et de l'Industrie ; membre de la Chambre de commerce (1897), chevalier de la Légion d'honneur ; vice-président de la Commission administrative des hôpitaux (1897).

Estier, Nicolas, de Marseille, interne (1865-73), brillant élève : nombreuses nominations ; avocat, conseiller général (1897), juge suppléant du 8e canton ; officier d'académie, chevalier de la Légion d'honneur.

Eyriès, Gustave, né à Marseille en 1846 ; externe surveillé, puis interne (1855-1863), brillant élève : nombreux prix (histoire et géographie, vers latins, etc.), en seconde, rhétorique, philosophie ; journaliste distingué. Après ses débuts au *Sémaphore* (1868), Eyriès, admirateur et ami de Gambetta, vint à Paris, fonda le journal *Le Globe*, participa à la création de l'Agence libre ; prit, après la mort de Jules Ferry, la direction politique de *L'Estafette* ; puis, rédacteur politique de *L'Evènement*. Mort à Paris, le 16 août 1897, à l'âge de 51 ans.

Faure, Augustin, juge de paix à Marseille, né dans cette ville en 1797, mort en 1870 ; avocat distingué ; un des membres les plus actifs de la Société de Statistique des Bouches-du-Rhône ; auteur de :

*Antonius Aréna*, notice historique et littéraire ; *Histoire de Marseille*, 2 volumes, in-8° ; *Les Rues de Marseille*, 5 volumes, in-8° ; *Histoire de Provence*, 4 volumes ; *Louis Bellaud de la Bellaudière*, 1 volume, in-8°; etc..,

FABRE, Antoine-Hippolyte-François, né à Marseille le 3 mai 1797, docteur en médecine le 12 février 1824, fut en France le créateur du journalisme médical, créa la *Gazette des Hôpitaux*, publia l'*Orfilaïde*, le *Dictionnaire des dictionnaires de médecine*, etc., mort à Paris le 24 juin 1854.

FABRE, Cyprien, interne (1850-54), riche armateur, ex-président de la Chambre de commerce.

FABRY, Auguste, président du Tribunal civil à Tunis (1897).

FABRY, Charles, prix d'honneur (1885), docteur ès sciences, professeur adjoint de physique à la Faculté des sciences d'Aix-Marseille, (27 juillet 1897).

FABRY, Eugène, de Marseille, deux fois nommé au concours académique de 1874, prix d'honneur en mathématiques spéciales, docteur ès sciences, professeur d'analyse à la Faculté des sciences de Montpellier (1897).

FABRY, Louis, de Marseille, externe (1874-79), polytechnicien, docteur ès sciences, astronome adjoint, observatoire de Marseille (1897).

FALLOT, Ernest-Benjamin, né à Marseille le 8 juin 1855, élève externe (1863-70) ; nombreuses nominations (premiers prix) ; secrétaire adjoint de la Société de Géographie de Marseille, chef du service du commerce et de l'immigration à la direction de l'Agriculture à Tunis ; a publié : *Par delà la Méditerranée; Kabylie, Aurès, Kroumirie* (Paris, Plon, 1887); *Histoire du Sénégal* (Paris, Challamel aîné, 1884); *Malte et ses rapports économiques avec la Tunisie; Madagascar et le Protectorat français; Notice sur l'immigration française en Tunisie;* etc.

FÉRAUD, Augustin-Paulin, né le 13 janvier 1836, à Toulon, élève interne (1850-57); nombreuses nominations; reçu membre de la Chambre de commerce aux élections des 28 décembre 1876-13 janvier 1877 ; vice-président de la Chambre (1890-91), élu président (successeur de Cyprien Fabre) le 3 février 1891 ; tous les ans réélu jusqu'à cette année 1897. Nombreux rapports, lettres et importants discours aux divers ministres du Commerce, de l'Agriculture, des Travaux publics..., sur *La question des sucres, Le port de Marseille,*

*L'organisation et l'exploitation des voies ferrées du port de Mar-
seille;* sur *La question monétaire* et contre *Les droits protecteurs ;*
remarquable discours au banquet du 29 avril 1895, etc. Administrateur
délégué de la Société Marseillaise (1895-97); chevalier (1ᵉʳ janvier 1889),
puis officier de la Légion d'honneur (7 mars 1896).

FÉRAUD-GIRAUD, Louis-Joseph-Delphin, né à Marseille le 24 décembre
1819, élève pensionnaire (1834-3?); en 1837, prix d'honneur de philosophie : premier prix de dissertation française. Avocat à Aix, il fut
nommé substitut du procureur du roi à Apt le 13 février 1845 ; en 1878,
conseiller à la Cour de cassation. Principaux ouvrages : *Etudes sur la
législation et la jurisprudence,* etc.; *Servitudes de voirie,* 1850 ;
*Législation française concernant les ouvriers,* 1856 ; *Droit inter-
national, France et Sardaigne,* 1859 ; *Code des mines et des mineurs,*
1887; *Droit d'expulsion des étrangers,* 1889, etc.

FIASCHI, Angelo, de Caen, externe (1856-66), lieutenant de vaisseau,
chevalier de la Légion d'honneur, commandant la *Ville-de-la-Ciotat,*
des Messageries Maritimes (1897).

FORCADE, Eugène, littérateur, né à Marseille en 1820 ; externe (pensionnat Chopard (1831-36) ; fonda à Marseille, en 1837, *Le Sémaphore*
qu'il dirigea jusqu'en 1840; collaborateur de la *Revue des Deux-
Mondes ;* fonda en 1845 la *Revue nouvelle;* puis, en 1851, le *Messager
de l'Assemblée,* la *Semaine financière; —Etudes historiques* (1853), etc.

FOUQUIER, Jacques-François-Henri, né à Marseille le 1ᵉʳ septembre
1838 ; interne (1850-52) ; fils d'un notaire, étudia le droit et la médecine; collaborateur du *Courrier du dimanche,* du *Siècle,* du *Charivari,* du *Nain Jaune,* de l'*Evènement,* du *Bien public,* etc.; député,
officier de la Légion d'honneur (1881).

FRAISSINET, Alfred, de Marseille, externe (pensionnat Spies) ; le sympathique directeur de la Compagnie Fraissinet ; chevalier de la Légion
d'honneur (1895).

FRANCHETTI, Auguste, de Florence, interne (1854-58), nominations
nombreuses : (en rhétorique, premier prix d'histoire ; deuxième prix
de discours français, etc.)

FRESQUET (DE), Edouard, de Paris, interne (1864-65), avocat, docteur
en droit, professeur d'économie politique à l'Ecole normale de Cluny;
juge au tribunal de Montpellier (1897).

FREY, Henri-Nicolas), général, né le 9 janvier 1847 à Bocognano (Corse);
interne (1860-66) ; en 1865, dans la même classe que Ferdinand Brune-

tière. Elève de l'Ecole de Saint-Cyr, il entra dans l'infanterie de marine le 1ᵉʳ octobre 1868, fut promu capitaine le 31 mars 1874. Campagne de 1885 dans le Haut-Sénégal et le Haut-Niger ; colonel (19 novembre 1887) ; au Tonkin (1890-91), dirigea les opérations avec une grande habileté, s'empara de la forte position de Hu-thué le 11 janvier 1891 ; général d'artillerie de marine à La Rochelle (1897). On a de lui : *Campagne dans le Haut-Sénégal et dans le Haut-Niger ; Côte occidentale d'Afrique ; —Pirates et rebelles au Tonkin ; nos soldats au Yen-Thé* (par le colonel Frey, Paris, Hachette, 1892).

GAFFAREL, Paul-Louis-Jacques, né à Moulins le 2 octobre 1843, élève externe (1853-54), entra à l'Ecole normale en 1862 ; en 1866, professeur de littérature et d'histoire au lycée ; docteur ès lettres, 1869 ; doyen de la Faculté des lettres de Dijon ; a publié : *Histoire de la Floride française ; L'Algérie*, histoire ; *La Fronde en Provence* (1876) ; *Les Colonies françaises* (1879) ; *Les Explorations françaises ; Histoire contemporaine* (1885) ; *Bonaparte et les républiques italiennes ; Le Sénégal et le Soudan ; La Défense nationale en 1793 ;* — collaborateur de la *Revue de Géographie ;* conseiller général, président de la Société bourguignonne de Géographie et d'histoire ; etc.

GAL, Henri, de Marseille, interne ; prix d'honneur de mathématiques spéciales (1859). Professeur à l'Ecole polytechnique (1897).

GARDAIR, Joseph, de Marseille (pensionnat Daumont), prix d'honneur de philosophie, dissertation en français (1864).

GASQUY, Georges-Armand, de Marseille, externe (Institution Phocéenne), 1860-70 ; fils d'un magistrat des plus distingués, il fut un très brillant élève : en philosophie (1870) il obtint les deux prix d'honneur (du lycée et de la Ville). Docteur ès lettres, professeur de seconde au lycée. Cet humaniste est doublé d'un avocat : aussi sa thèse sur *Cicéron jurisconsulte*, si méthodique, si bien documentée, fut-elle très remarquée ; c'est une des rares thèses qui se lisent avec plaisir et profit. Parmi l'élite d'estimables professeurs dont s'honore notre Lycée, il est un de ceux qui ont trouvé le secret de rendre le savoir et l'autorité aimables. M. Gasquy vient de publier un excellent ouvrage classique : *La Narration française, conseils, matières, développements* (Laffite, Marseille, 1897). M. Gasquy est délégué cantonal et conseiller municipal d'Aubagne.

GAUDIN, Emile, né à Marseille le 17 août 1843 ; interne (1854-63) ; brillant élève ; nombreuses nominations : souvent 1ᵉʳ prix d'excellence ; prix d'honneur de philosophie, ville de Marseille, 1863 ; — membre très actif du Bureau de bienfaisance ; rentier (1897).

GIRARD-CORNILLON, Louis, né à Marseille le 16 mai 1848, élève interne (1857-65) : nombreuses nominations : souvent les premiers prix d'excellence ; négociant, conseiller municipal en 1883, réélu en 1884 ; élu juge au tribunal de commerce, 1885-91 ; président du tribunal, 1893-98 ; administrateur des hospices et du bureau de bienfaisance, 1884-85, élu président, 1893 ; chevalier de la Légion d'honneur, 31 mars 1885.

GIRY, Auguste, de Marseille, externe (1869-73), brillant élève d'enseignement moderne, nombreuses nominations : deux prix au Concours académique et prix d'honneur ; le spirituel rédacteur du *Soleil du Midi* (1897).

GOURRET, Paul-Gabriel-Marie, né à Roquevaire le 13 janvier 1859 ; interne (1868-78), sérieux élève ; docteur ès sciences naturelles (1884, Sorbonne) ; ancien conseiller municipal (munic. Baret) ; sous-directeur de la station zoologique marine d'Endoume ; professeur de zoologie à l'Ecole de médecine ; directeur de l'Ecole municipale de pêche de Marseille (1898).

GOURRET, Edouard, né à Marseille le 18 juillet 1864, interne (1874-80) ; vétérinaire municipal ; directeur de la fourrière ; membre du Conseil d'hygiène et de salubrité du département ; de l'Institut antirabique de l'Ecole de médecine ; président du Conseil d'arrondissement ; médaille d'honneur (sauvetage, acte de courage).

GOZLAN, Léon, né à Marseille le 1er septembre 1803, d'un Israélite armateur du port, mort à Paris le 14 septembre 1866. Maigré la ruine de sa famille, il ne sortit du collège qu'à dix-huit ans, vers 1821, et entra comme sous-maître dans un pensionnat. Auteur de : *Les Emotions de Polydore Marasquin*, *La Vivandière*, *Le Notaire de Chantilly*, *Aristide Froissard*, *Le Médecin du Pecq*, *Le Triomphe des omnibus* (1628), *Le Fifre*, *Les Nautiques*, *Une Orgie de Byron*, *Les Nuits du Père-Lachaise* (1844), *Le Tapis-Vert* (1855), *Le Gâteau des reines* (1855), etc.

GRANDVAL, Alphonse, de Marseille (1839).

GRANET, Etienne-Armand-Félix, né à Marseille le 29 juillet 1849, avocat, journaliste, préfet de la Lozère, de la Vienne (1879), député et ministre des postes. Il fit toutes ses classes au lycée, en 1865 obtint le prix d'honneur de rhétorique, le grand prix de l'Empereur. — Son frère, GRANET, Paul, de Paris, le prix d'honneur de philosophie ; préfet d'Alger (1897).

GRÉVIN, Georges, de Paris, externe (1875-82); aide-commissaire de la marine, rédacteur au ministère de la marine (1897); président du groupe parisien de lycéens marseillais, *La Pomme d'amour*.

GRIMANELLI, Périclès, de Marseille, externe (1857-64) ; prix d'honneur de philosophie ; avocat, préfet de l'Oise, de la Loire (1897).

GUÉRIN (de) du Cayla, Eugène, externe (1867-74); de Marseille ; succès constants ; employé des Postes et Télégraphes.

GUIFFRAY, Elie-Jules, né à Marseille en septembre 1849 ; administrateur délégué de la Société des quais de Smyrne, premier député de la nation, président de plusieurs Œuvres de bienfaisance, président du comité de l'*Alliance française* à Smyrne ; grand officier de l'Osmanié ; officier du Medjidié ; chevalier du Sauveur de Grèce ; officier d'académie, chevalier de la Légion d'honneur (1891).

GUIGON, Louis, de Perpignan, interne (1872-74); deux prix d'honneur en mathématiques spéciales : 1er prix de mathématiques, 1er prix de physique et chimie (1874), normalien ; professeur, au lycée, du cours de Saint-Cyr, qu'il a même inauguré ; proviseur du lycée, officier de l'Instruction publique (1897).

GUINOT, Eugène, romancier, né à Marseille en 1805, mort à Paris le 9 février 1861 ; publia : *Aquarelles par un peintre d'enseignes, La Comédienne, Le Docteur*, etc.

HACKS, Charles, né le 5 janvier 1851 ; externe, puis demi-pensionnaire (1858-68) ; interne et externe des hôpitaux ; aide-major, campagne 1870-71 (médaille de bronze); médecin adjoint du bureau de bienfaisance (1884); membre de la commission sanitaire, choléra de 1885-86 (médaille d'or); médecin de la Compagnie des Messageries Maritimes (1878-81); docteur en médecine à Paris : rédacteur à l'*Illustration ;* a publié : *A bord du Courrier de Chine*, et *Le Geste ,* — nombreux travaux scientifiques; chef du service d'électrothérapie au dispensaire des enfants malades, 1er arrondissement (Louvre) de la Ville de Paris (1897).

HARLINGUE, Victor, de Lambesc, interne ; prix d'honneur de mathématiques spéciales (1857).

HENRIET, Léon, de Marseille, brillant élève, externe (1856-67), conseiller à la Cour d'appel d'Aix (1897); décédé à Aix, le 3 novembre 1897, à l'âge de 48 ans.

HONNORÉ, Auguste, de Marseille, brillant élève, externe (1863-72), prix d'honneur de philosophie en 1872; créa, sous le pseudonyme de Benjamin Laroche, le journal *Le Bavard;* mort jeune, vers 1889.

HORNBOSTEL, Charles, de Marseille, (1835), avocat.

HUBAC, Léon, de Marseille, externe (1859-67), pensionnat Dupuy ; avocat, juge d'instruction, puis juge au tribunal de Marseille (1897).

ISNARDON, Jacques, chanteur scénique, né à Saint-Barnabé près de Marseille le 1er février 1860, interne (1872-73), passa par le Conservatoire de Paris (deux ans, premiers prix), et fut engagé en 1884 à l'Opéra-Comique. Au bout de deux années, il fut engagé au théâtre de la Monnaie de Bruxelles, où il obtint de très vifs succès. C'est là qu'il écrivit et publia un livre fort intéressant: *Le Théâtre de la Monnaie depuis sa fondation jusqu'à nos jours* (1890). Depuis lors il a donné des représentations en province et à l'étranger ; est rentré à l'Opéra-Comique (1897).

JEANBERNAT, Emmanuel, de Marseille, externe (1868-70), institution Spies; avocat, docteur en droit de la Faculté de Paris; il a collaboré à la *Réforme sociale ;* rentier à Marseille.

JOGAND, Maurice, romancier, né à Marseille le 21 mai 1850; journaliste républicain, il débuta dans le roman, en 1876, avec *L'Orpheline d'Endoume, La Vengeance du bâtard, Les Trois Empoisonneuses* et *L'Enfant de la Folle* (1882); ce fut sur le succès de ce dernier ouvrage que le jeune romancier alla à Paris, où il se fit éditer en livraisons illustrées. Il a adopté le pseudonyme de Marc Mario pour se distinguer de son frère, le tristement fameux Léo Taxil (Jogand-Pagès Gabriel-Antoine).

JULLIAN, Louis-Camille, né à Marseille le 15 mars 1859, interne (1872-77); brillants succès : premier prix d'histoire au Concours général (1877), élève de l'Ecole normale supérieure, élève de l'école de Rome, chargé d'une mission en Allemagne, professeur à la Faculté des lettres de Bordeaux ; membre correspondant de l'Institut... Il a publié : *Les Transformations de l'Italie sous les Empereurs romains* (1883) ; *Gallia* (1892); *Histoire de Bordeaux* (1894)..

JULLIANY, Jules, négociant et économiste distingué, membre de l'Athénée, naquit à Marseille le 22 novembre 1802. Il fit des études extrêmement brillantes au collège de Marseille. Entré dans le commerce, comme son père, il ne négligea pas la culture des lettres.

Il publia, en 1825 : *Lettres sur Marseille*, etc.; fut membre de la Société de Statistique.

JULLIEN, Alphonse-Alfred, d'Avignon, interne (1850-54); membre fondateur de la Société de Géographie de Marseille, membre de la Société scientifique et industrielle, de l'Association amicale des anciens élèves... Il fit plusieurs voyages en Europe, aux Indes, au Pérou... Bon, charitable, modeste, très estimé; décédé à Marseille le 31 mai 1897, belles funérailles le mardi 1er juin.

LACOUR-GAYET, Jean-Marie-Georges-Ferdinand, né le 31 mai 1856, à Marseille, élève externe (1869-75); deux premiers prix au concours académique et le prix d'honneur du lycée en rhétorique (1875); admis le 9 août 1876 à l'Ecole normale; de l'école française de Rome, il passa son doctorat et devint professeur d'histoire et de géographie au lycée de Rouen, puis à Paris; il a publié une *Histoire romaine*, en collaboration avec M. Paul Guiraud (1883); *Antonin le pieux et son temps* (1888), et de nombreux articles dans des dictionnaires spéciaux.

LAGET, Emile-Marie-Dominique, de Marseille, externe (1859-66); prix d'honneur de philosophie, dissertation française.

LARTAIL, Emile, né à Avignon le 21 mars 1869, externe (1875-86), brillant élève, nombreuses nominations : prix d'honneur de rhétorique, en 1885; docteur en médecine, ancien chef de clinique, chirurgien des hôpitaux (1896), un de nos plus habiles praticiens. Membre du Conseil de la Ligue marseillaise contre l'alcoolisme.

LAURIN, Auguste, de Gardanne, interne (1849-55); deux premiers prix en logique littéraire; docteur en droit, professeur de droit commercial à la Faculté de droit d'Aix; auteur d'un *Cours élémentaire de droit commercial et maritime;* d'un *Cours élémentaire de droit commercial* (1890); décédé...

LEPEYTRE, Théodore, de Marseille, interne (1853-59); nombreuses nominations : prix d'honneur de rhétorique (1859); avocat, rédacteur au *Petit Marseillais* (1897), pseudonyme de Lormond. Délégué cantonal; chevalier d'Isabelle la Catholique et du libérateur du Vénézuela; officier d'académie (1891); membre fondateur de la Société d'études économiques, etc... Auteur d'un remarquable discours, prononcé le 20 décembre 1865 à la Conférence des avocats : *Etude sur les lois commerciales relatives au Crédit.*

LAVON, Charles-Marie, né à Marseille le 19 mai 1847, externe (1863-64); docteur en médecine de Paris, professeur suppléant à l'Ecole de médecine, professeur titulaire de physiologie ; membre du Conseil d'hygiène ; délégué par le Conseil général (mission Pasteur, décembre 1885) ; fondateur de l'Institut antirabique ; directeur de l'Ecole de médecine ; directeur de l'Académie (1892-93) ; directeur du *Marseille médical ;* président de la délégation spéciale municipale (1895) ; officier de l'Instruction publique, chevalier du Sauveur de Grèce, chevalier de la Légion d'honneur, mars 1896 ; nombreux travaux de biologie et de physiologie.

LOMBARD, Henry-Edouard, né à Marseille le 22 janvier 1855, (fils de Jean-Jacques Lombard), interne (1868-70), artiste sculpteur : élève de MM. Trémolière, Julien, Bontoux et Cavelier ; il a remporté, à l'occasion du concours de Puget (1883), le grand prix de Rome (1884) avec le sujet de la mort de Diagoras : « Un père grec meurt dans les bras de ses deux fils vainqueurs aux jeux olympiques. » Parmi ses envois très remarqués aux Salons, on citera : *Sainte Cécile,* bas-relief ; et *Judith* (1883) ; *Apollon et Marsyas,* bas-relief, (1886) ; *Samson et Dalila* (1892) ; *Diane chasseresse* (1894) ; *Diane* (1895). Chevalier de la Légion d'honneur (1893). — Son frère, M. Lombard, Frédéric, ancien élève du lycée, architecte à Marseille, est actuellement président de la Société des architectes des Bouches-du-Rhône.

MAILLET, Alexis (fils de Maillet, capitaine de frégate, assassiné à Augusta, en Sicile, à son retour d'Egypte), naquit à Marseille le 20 mars 1794 et fut adopté, ainsi que ses frères, par la République française. Elève pensionnaire du lycée, élève de l'Ecole de Saint-Cyr, il entra comme lieutenant, en 1813, dans l'artillerie de marine : ce fut en cette qualité qu'il assista aux fameuses batailles de Lutzen et de Bautzen, se distingua à 19 ans à Montmirail, où il fut fait, par l'Empereur, chevalier de la Légion d'honneur ; combattit en Grèce, d'où il revint en France en 1827.

MARTIN, Fabien, de Marseille, interne : prix d'honneur de logique littéraire, dissertation française (1853).

MAUPOINT (DE), Edmond, de Marseille (1831).

MAUREL, Jules, de Marseille externe : prix d'honneur de logique, dissertation en français (1856).

MAVROGORDATO, Aristide, de Trieste (1839).

MÉREUIL (DE), Albert, de Marseille, interne : prix d'honneur de mathématiques spéciales (1860).

MÉRY, Joseph, né à Marseille (et non aux Aygalades) le 21 janvier 1797, commença le latin sous un vieux prêtre, dans la maison paternelle, et acheva ses études au séminaire, puis au lycée; latiniste consommé, il devint poète, romancier (*Héva, la Guerre du Nizam, Les Damnés de l'Inde, La Juive au Vatican, Marseille et Les Marseillais, La Chasse au châstre, André Chenier, Napoléon en Egypte,* etc.) J. Méry a son buste en bronze dans la grande salle de la Bibliothèque de la Ville, dont il fut conservateur, et une rue de la ville porte son nom. — Son frère, Louis Méry, auteur d'une *Histoire de Marseille,* fut professeur de littérature étrangère à la Faculté d'Aix.

MEYER, Henri, de Marseille, interne, prix d'honneur de logique, dissertation en français, 1878.

MILLOU, Marie-Joseph-Antoine-Dieudonné, docteur en médecine, né à Marseille le 28 mai 1831, externe (1847-51); commandeur du Christ et de la Conception du Portugal, médecin du consulat du Portugal; médecin assermenté de l'Inspection académique, médecin honoraire de la police et des services municipaux; médaille de vermeil des épidémies; officier de l'Instruction publique, etc.

MONOD, Augustin-Adolphe, né à Marseille en 1859, élève externe (1869-78), fit de solides études : nombreuses nominations (souvent les premiers prix : premier prix de dissertation en philosophie, concours académique de 1879), professeur au lycée Montaigne (1897).

MONOD, Elisée-Charles, de Marseille, externe (1860-69); brillants succès dans toutes les classes : prix d'honneur de discours latins, rhétorique; prix de l'Empereur (vétérans) au concours général des lycées de 1868 (M. A. Vessiot, professeur.); pasteur à Alger, mort le 18 avril 1897, à peine âgé de 46 ans.

MONTRICHER (Emmanuel-Henri de), né à Marseille le 11 octobre 1845; externe (1857-63); nombreuses nominations; ingénieur civil; fondateur et promoteur de l'emploi agricole des produits du nettoiement de la ville de Marseille à la fertilisation de la Crau; fondateur à Marseille de l'Association polytechnique pour le développement de l'instruction populaire (1896); chevalier du Mérite agricole (1889); chevalier de la Légion d'honneur (1896), etc.

MONTRICHER (Frantz-Louis-Gustave de), né à Marseille le 25 novembre 1856, brillant élève externe (1868-73), nombreuses nominations : premier prix de mathématiques élémentaires au concours académique de 1873; entré à l'École polytechnique en 1876, lieutenant au 38e d'artillerie à Nîmes en 1880; mort à Marseille le 16 mars 1882. Son portrait est parmi les tableaux du parloir.

Morges, Félix-Laurent, né à Marseille le 15 juin 1852 ; élève externe (1859-69) ; nombreuses nominations en mathématiques élémentaires, physique et chimie, etc. ; licencié ès sciences physiques, septembre 1874 ; adjoint au maire de Marseille, janvier 1881 ; chef des travaux au laboratoire de chimie de l'Ecole pratique des hautes études, 8 décembre 1875 ; docteur ès sciences physiques, septembre 1880 ; chargé du cours de chimie industrielle à la Faculté des Sciences, 1881-84 ; professeur de chimie à l'Ecole supérieure des sciences d'Alger, 1885 ; officier d'académie, 1er janvier 1884 ; décédé à Alger (Mustapha), le 6 février 1886.

Morges, Léonce-Charles-Nicolas, né à Marseille le 16 février 1849, frère de Félix ; élève interne (1858-69) ; nombreuses nominations (premier prix de mathématiques élémentaires, concours académique de 1865 ; en 1867, prix d'honneur de mathématiques spéciales fondé par la ville ; id., nomination au concours académique ; deuxième prix d'excellence en mathématiques spéciales, etc.). Entré à l'Ecole polytechnique en 1868 ; chef de bataillon du génie (au ministère de la guerre) ; officier de la Légion d'honneur (1897).

Moutte, Jean-Joseph-Marie-Alphonse, artiste peintre, né à Marseille le 4 mars 1840 ; interne boursier (1849-58) ; élève de l'Ecole des Beaux-Arts de Marseille (professeurs : Rave, Loubon, Bontoux), et à Paris élève de Meissonnier. — Principaux tableaux : 1877, *Débarquement du blé :* Exposition universelle de 1878 ; 1881, *Coin de la plage du Prado :* troisième médaille, Paris ; 1888, *Partie de boules :* médaille d'argent à l'Exposition universelle 1889 ; 1890, *Portrait de ma fille :* sociétaire au Champ de Mars ; 1892, *Dans la Pinède :* Académie de Marseille ; 1893, *Lou Gousta :* chevalier de la Légion d'honneur ; 1887, *Rose :* Directeur de l'Ecole des Beaux-Arts ; chancelier de l'Académie de Marseille.

Négretti, Denis, né à Aregno (Corse) ; externe (1843-49, pensionnat Liautaud) ; brillant élève : souvent les premiers prix, chaque année le premier prix d'excellence ; en 1848, prix d'honneur de philosophie, dissertation en français (professeur, M. Dumoulin) ; avocat distingué, bâtonnier de l'ordre (1878), juge suppléant au tribunal civil (1897) ; avocat de l'Inscription Maritime.

Ollivier, Olivier-Emile, né à Marseille le 2 juillet 1825, suivit quelque temps les cours du lycée (pensionnat Spies), avant d'aller à Sainte-Barbe ; préfet des Bouches-du-Rhône, député, ministre ; nombreuses publications : *Démocratie et Liberté; Le 19 janvier; Principes et conduite; L'Empire libéral; Michel-Ange*, etc.; membre de l'Académie française, le 7 avril 1870.

ONFROY, Jules, avocat, ancien maire de Marseille.

OSTROWSKI, Louis-Jules, né à Nimes le 10 juillet 1848; interne (1854-1864); excellent élève : presque toujours les premiers prix d'excellence ; en 1864, deux nominations au concours général et prix d'honneur de rhétorique de la ville de Marseille. Ingénieur des arts et manufactures ; architecte en chef de la Charente-Inférieure; constructeur et directeur des mines du Rio-Tinto (1884-1890); directeur de l'Ecole d'ingénieurs (1891-98).

PADOA, Albert, de Marseille, interne (1853-62); brillant élève : prix d'honneur de rhétorique (discours latin, 1861, M. Dupré, professeur). Padoa-Bey est avocat à Alexandrie (Egypte).

PALLY, Louis, de Marseille, interne (1855-67); commissaire-adjoint de la Marine à Marseille; auteur des *Fêtes Franco-Russes* (1893); rédacteur correspondant de l'*Europe artiste;* fondateur du journal provençal *Lou San-Janen;* chevalier de la Légion d'honneur (1895).

PANSON, Léopold, de Paris, interne (1849-57), un des plus brillants élèves du lycée: prix d'honneur de rhétorique (Ville de Marseille, 1857); campagnes comme officier de zouaves en Afrique, au Mexique; étant capitaine de zouaves, il fut tué à Reischoffen le 6 août 1870.

PÉLISSIER, Léon, de Marseille, externe (1876-80); prix d'honneur de philosophie, 1880 ; élève de l'école normale supérieure, 1881 ; docteur ès lettres, professeur d'histoire à la Faculté des lettres de Montpellier ; a publié : *Souvenirs d'un collégien du 1er Empire* (Revue des langues romanes, 1895), etc.

PETIT, Edouard, de Marseille, interne (1872-77); prix d'honneur de philosophie (dissertation française, M. H. Dereux, professeur); docteur ès lettres, professeur au lycée Janson de Sailly (1885-97); a publié : *Lectures d'auteurs modernes*, novembre 1887 ; — *Francis Garnier*, sa vie, ses voyages, son œuvre, 1 volume illustré, 1895 ; — *Autour de l'éducation populaire* (1896); et divers autres travaux se rattachant à l'éducation populaire ; collaborateur de la grande encyclopédie, 1893 ; en juillet 1897, l'Académe des Sciences morales et politiques lui a accordé le prix Halphen. Nommé récemment (nov. 1897) inspecteur général des Ecoles d'adultes, à Paris.

PETROCOCCHINO, Démétrius, de Marseille, externe (1838) : nombreuses nominations ; décédé fort jeune.

PEYTRAL, Paul-Louis, né à Marseille le 20 janvier 1842 ; demi-pensionnaire (1853-59) ; reçu pharmacien à l'école de Paris ; conseiller municipal, adjoint au maire de Marseille 1876-80) ; conseiller général (1880) ; député de Marseille aux élections du 21 août 1881, puis le 4 octobre 1885 (1881-91) ; sous-secrétaire d'Etat aux finances (ministre Sadi-Carnot); deux fois ministre des finances (1888 et 1893) ; vice-président de la Chambre des députés ; vice-président du Sénat (1894-1897).

PICON, Honoré-Charles-Félix, né à Philippeville (Algérie), le 4 juin 1847 ; élève interne (1857-64) des cours commerciaux ; — président de la société Picon et Cⁱᵉ ; ancien conseiller général de la Gironde et conseiller municipal de Bordeaux, directeur de la Caisse d'épargne de Bordeaux ; chevalier de la Légion d'honneur, 16 avril 1897.

PINCHERLE, Salvator, de Trieste, externe (1863-71) ; brillant élève ; docteur ès sciences (en Italie), professeur d'algèbre supérieure, à l'Université de Bologne (1897).

PISSARELLO, Vincent, de La Martinique, interne (1857-67) ; avocat, président de la Cour d'appel de Pondichéry, officier d'académie, officier de l'ordre royal du Cambodge, décédé à 46 ans, en 1891, dans l'Indoustan.

DE PONTEVÈS, Edouard, et DE PONTEVÈS, Charles, de La Réunion, internes (1850-55).

PSICHARI, Jean, d'Odessa (neveu des Baltazzi); externe, (1865-72) ; gendre d'Ernest Renan ; professeur de grec moderne en Sorbonne, directeur adjoint à l'Ecole des hautes études, collaborateur de la *Grande Encyclopédie*, de la *Revue Bleue*, etc. Décédé à Pau le 9 février 1897, à l'âge de 42 ans ; pompeuses obsèques à Marseille le 12 février.

PUIGBO, Albert, de Marseille, externe (1862-72), brillant élève ; courtier de commerce en huiles, secrétaire de la Société d'Etudes économiques (1897), etc.

QUEIREL, Auguste, né à Marseille le 26 février 1842 ; élève externe au lycée, pensionnat Champsaur, 1854-59 ; docteur en médecine (Paris, 1865); ancien interne des hôpitaux (concours de clinique des hôpitaux, 1866) ; professeur de clinique obstétricale à l'Ecole de médecine de Marseille (1897) ; officier de la Légion d'honneur (1885), officier de l'Instruction publique, correspondant de l'Académie de médecine, de la Société de chirurgie et de la Société obstétricale et gynécologique, de Paris ; président du Conseil d'hygiène de Marseille.

REGIMBAUD, Joseph, de Bras (Var), interne en 1836 : *le grand président* (tribunal civil de Marseille); félibre populaire et spirituel.

REGNAULT, Félix, de Rennes, externe (1878-80) ; médecin-major de l'Hôtel-Dieu de Marseille, docteur-médecin à Paris ; travaux d'ethnographie.

RÉVOIL, Paul, externe (1863-65), avocat à la Cour d'appel de Paris, ex-président de la Conférence Molé à Paris (1878) ; chef de cabinet et directeur du personnel aux ministères de l'Agriculture, des Colonies, des Affaires étrangères ; ministre plénipotentiaire de première classe et résident général adjoint à Tunis (1895-97) ; chevalier de la Légion d'honneur (1887).

REYER (Louis-Etienne-Ernest REY, dit), né à Marseille le 2 décembre 1823 (fils de Aimé-Augustin-Etienne Rey) ; élève du lycée, cours spéciaux de commerce, 1837-39. Dès l'âge de six ans il fut mis à l'école communale de musique dirigée par Barsotti et il y obtint deux fois le prix de solfège. Envoyé à seize ans à Alger, il entra dans les bureaux de l'administration. Il composa la musique du *Selam* (5 avril 1850), de nombreux opéras : *Maître Wolfram, Sacountala*, la *Statue, Erostrate, Sigurd, Salammbô*, une cantate, un hymne ; de nombreux articles de critique musicale ; rédacteur au *Journal des Débats ;* sous le titre de *Notes de musique* (1875, in-12), Reyer a publié des morceaux choisis tirés des nombreux articles qu'il a fait paraître dans le *Moniteur Universel* et le *Journal des Débats*. Les anecdotes abondent dans ce livre intéressant et rempli d'impressions originales (1). Membre de l'Académie de Marseille. Vivant en novembre 1897, à Paris.

ROCHE, Jules, d'Eyguières, interne 1872; prix d'honneur de mathématiques spéciales ; ingénieur des mines : tué le 30 janvier 1880 par les Touaregs, deuxième mission du colonel Flatters.

RODOCANACHI, Paul, de Marseille, externe (1867-70); nombreuses nominations, souvent les premiers prix; négociant.

RODOCANACHI, Pierre, de Scio (Grèce) ; 1835...

RODOCANACHI, Théodore, de Marseille, externe (1860-1862), brillant élève : nombreuses nominations, souvent les premiers prix et les prix d'excellence; riche négociant armateur à Marseille.

(1) F. Fétis, *Biographie universelle des musiciens*, Paris, 1867 ; et P. Larousse, *Dictionnaire.*

ROSTAND, Eugène-Joseph-Hubert, né à Marseille le 23 juin 1843;
interne (1855-60); prix d'honneur de dissertation française en logique
(1860); licencié ès lettres et en droit; adjoint au Maire (1877); — président de l'Académie de Marseille, officier de l'Instruction publique;
chevalier de la Légion d'honneur, du 31 mai 1890; président de la
Caisse d'Epargne (1897). Auteur de : *Ebauches* (1865); *Poésies simples*,
*La Seconde Page* (1866), *Les Sentiers unis;* traduction de *Catulle;*
*La Réforme des Caisses d'épargne françaises*, etc.

ROSTAND, Alexis-Jean, frère d'Eugène, né à Marseille le 22 décembre
1844; ex-directeur dans cette ville de la succursale du Comptoir
d'escompte, actuellement directeur à Paris (1897); — a écrit : des
*mélodies*, des *préludes*, un *Recueil d'articles, L'Art en Province,
La Musique à Marseille* (1874), etc.

ROSTAND, Edmond-Eugène, de Marseille, externe (institution
Thédenat), 1879-84; brillant élève aussi; a publié : *Deux romanciers
de Provence* (1888); un *Poème évangélique;* — *Les Romanesques*,
joué au Théâtre-Français; *La Princesse lointaine*, à la Renaissance,
avec Sarah Bernhardt; *La Samaritaine*, à la Renaissance; *Cyrano
de Bergerac*, pièce jouée en décembre 1897 au Théâtre de la Porte-
Saint-Martin.

ROUGIER, Maurice, né à Saint-Claude (Jura), 1868; externe (1879-
87); brillant élève; bachelier moderne, 1884; mathématiques spéciales;
bachelier ès sciences, 1885; en 1887, prix Auguste Ralli, prix
d'honneur de la Ville et troisième accessit de mathématiques au
Concours général; élève de l'Ecole polytechnique, 1887-89; capitaine
du génie (1897).

ROUGIER, Louis-Edmond-Albert, son frère, né à Saint-Claude, 1870;
externe (1879-87); brillants succès dans toutes les classes, souvent les
premiers prix d'excellence : prix F. Granet, 1886; en rhétorique, 1887,
prix d'honneur de la Ville, deux prix au concours général; en 1887, à
Louis-le-Grand (Sainte-Barbe), en rhétorique et philosophie, 1888 et
1889, cinq accessits au Concours général; en 1889, bachelier ès lettres,
admis à l'Ecole normale : entré à l'école (1890-93); agrégé d'histoire,
1896; professeur d'histoire au lycée d'Aix, 1897.

ROUX, Jules-Charles, de Marseille, externe (1851-54); grand fabricant de savon, ancien président du Cercle artistique, président de la
Société de Géographie de Marseille, membre fondateur de la *Revue de
géographie;* conseiller général, député; professeur à l'Ecole colo-

.iiale, membre du Conseil supérieur de la marine (1897); — chevalier de la Légion d'honneur, vice-président de la Commission du budget (1897). Entre autres travaux, rapports et discours, il a publié une magistrale étude sur le canal de Marseille au Rhône (*Revue de Géographie*, I, juillet 1894, avec carte). *Vingt ans de vie publique* (Guillaumin, 1892). Membre de plusieurs ordres étrangers.

Rubino, Joseph, de Marseille, interne (1869-76), brillant élève, docteur en médecine, décédé à Marseille le 27 mars 1897.

Salve (de), Alfred, d'Aix, fils du savant recteur d'Alger.

Sauvaire-Barthélemy (Barthélemy-Antoine-François), né à Marseille en 1800, mort en 1875. Il était arrière-neveu de l'auteur du *Jeune Anacharsis*. Sauvaire étudia le droit et, grâce à l'influence de son grand-oncle François Barthélemy, ancien membre du Directoire, devenu pair de France et marquis sous la Restauration, il fut nommé membre du Conseil d'Etat. Représentant du peuple après 1848, réélu en 1849; depuis 1871, jusqu'à sa mort, il fit partie du Conseil général.

Schnell, Ulrich, de Marseille; nombreux succès (1871-79), prix d'honneur de philosophie (1879); docteur en médecine (1897).

Sicard, Adrien, né à Marseille le 2 février 1816, mort le 9 novembre 1892. Reçu docteur en médecine le 3 août 1832 à Montpellier, fut président du Comité médical des Bouches-du-Rhône, de l'Association amicale des anciens élèves; membre de plusieurs sociétés savantes, nombreuses décorations; officier de l'Instruction publique; publications nombreuses.

Silvestre, Auguste, de Marseille, externe (pensionnat Baux, 1849-55), prix d'honneur de logique, dissertation en français, 1855.

Simonin, Louis-Laurent, né à Marseille le 22 août 1830, externe (1847), prix d'honneur de rhétorique; ingénieur des mines; a publié : *A travers les Etats-Unis*, *Le Grand Ouest des Etats-Unis*, *Le Monde souterrain*, *La Vie souterraine ou les Mines et les Mineurs*, 1867; *L'Or et l'argent*, *Les Pierres*, *L'Histoire de la Terre*; *Les ports de la Grande-Bretagne*, (1 vol. Hachette, 1892); etc; mort à Paris le 15 juin 1886.

Suzanne, Marius, de Fuveau, interne (1870-74); premier prix de rhétorique au Concours académique de 1873; premier prix d'honneur du lycée, discours latin (M. Vessiot, professeur); avocat, conseiller à la Cour d'appel d'Aix (1897).

Talon, Eugène, de Séchaux (Ardennes), sérieux élève, externe, sôuvent nommé (1858-63); premier prix de chimie en 1862; un de nos avocats les plus estimés (1897).

THIERS, Marie-Joseph-Louis-Adolphe, né à Marseille dans une famille de négociants aisés, le 15 avril 1797, au 2ᵐᵉ étage de la maison sise rue Thiers (ci-devant rue des Petits-Pères), n° 40 : une plaque commémorative en marbre noir a été encastrée dans la muraille. En 1807 il était élève de cinquième, seconde division ; il obtint en 1808 une demi-bourse. D'abord élève médiocre, il eut pour professeur en seconde un ancien élève de l'École polytechnique, Maillet-Lacoste ; dès lors il remporta les premiers prix de sa classe. Il sortit du lycée en 1814, après avoir fait, avec un succès brillant, deux années de rhétorique sous le professorat de l'abbé Brunet, plus tard chanoine de la cathédrale de Marseille. Il étudia en droit à Aix, avec son ami François Mignet ; avocat en 1818 : après avoir plaidé deux ou trois causes, il renonça au barreau, devint journaliste à Paris ; en 1823, au début de la guerre d'Espagne, il publia : *Les Pyrénées et le midi de la France ;* orateur, de l'Académie française (1833), plusieurs fois ministre et président du Conseil ; historien national, libérateur du territoire, le premier Président de la troisième République ; mort le 3 septembre 1877 à Saint-Germain en Laye ; publia de nombreux discours ; l'*Histoire de la Révolution française* (1823-1827) ; *Histoire du Consulat et de l'Empire* (1845-60) ; *De la Propriété* (1848). Sa statue en marbre, un chef-d'œuvre de Clésinger, est encore reléguée dans un coin du Musée de Marseille (1897) !...

THOLOZAN, Désiré, né à l'Ile Maurice, 1820, d'un père marseillais ; interne au lycée, puis externe (1831-38), il remporta, en 1838, le prix unique d'excellence, le premier prix de philosophie, etc. Il étudia la médecine à notre école (cours des docteurs Cauvière et Magail père) ; en 1858, après avoir exercé au Val-de-Grâce, le docteur Tholozan fut désigné par le gouvernement pour être médecin du schah de Perse, fonctions qu'il remplit pendant plus de trente ans ; en septembre 1889, il accompagna le schah à l'exposition du Centenaire. Correspondant des Académies de médecine (section de médecine et de chirurgie) et des sciences, commandeur de la Légion d'honneur et auteur de plusieurs ouvrages remarqués. Mort à Téhéran le 30 juillet 1897, peut-être empoisonné par le nouveau schah.

TIMON-DAVID, Jules-Gabriel, de Marseille, externe (1824-29) ; élève de MM. Giscaro et Deschamps ; fondateur de l'Œuvre de la jeunesse.

Toselli, Jules-Léon, d'Aubagne, interne, puis externe (1860-68), nombreuses nominations ; avocat, juge d'instruction, puis juge au Tribunal civil de Marseille (1897).

Uzielli, Gustave, de Livourne ; interne, souvent nommé (1855-57); en 1856, en seconde scientifique, premier prix de mathémathiques, etc.

Vagliano, Marino, de Constantinople, externe (1873-79) ; brillantes études : deuxième prix au Concours académique de 1877 ; riche négociant-armateur à Marseille (1897).

Vayssière, Georges-André (pseudonyme Guy-Valver), né à Rodez le 4 avril 1853 ; externe surveillé, puis interne (1862-69) ; excellent élève : pendant cinq années de suite, 1864-69, il obtint presque tous les premiers prix ; deux nominations au concours académique. Littérateur, il a publié : *Une Fille ; L'Oiseau bleu ; Sadi ; L'Antipape ; Les Treize;* — et *La Chanson du pauvre homme; Rêves et Rêveries; La Géhenne, Poésies*, etc.

Vayssière, Albert-Jean-Baptiste-Marie, né à Avignon le 8 juillet 1854; élève (1862-69), puis maître au lycée ; docteur ès sciences naturelles, professeur d'anatomie comparée à la Faculté des sciences; principaux travaux, outre sa thèse : *Recherches anatomiques sur les mollusques ; Etude sur l'état parfait du* Prosopistoma punctifrons, *mémoire couronné par l'Académie des sciences*, 1871 ; *Recherches zoologiques et anatomiques sur les mollusques pistobranches du golfe de Marseille*, 2 parties, 1885 ; *Atlas d'Anatomie comparée des invertébrés*, 1889 ; *Etude sur l'organisation du Nautile*, 1895 ; et 1897, *Monographie de la famille des Pleurobranchidés*, etc., etc.

Ventre, Félix, d'Alger, interne (1861-62) ; prix d'honneur de mathématiques spéciales, 1852.

Vessiot, Ernest, de Marseille, externe (1872-83), élève très distingué en lettres et en sciences : prix d'honneur de rhétorique et de philosophie (1881-82), normalien (1883) ; docteur ès sciences, professeur de mathématiques spéciales au lycée de Lyon (1891-96) ; chargé de cours à la Faculté des sciences de Toulouse, puis de Lyon (1897).

Vidal, Léon-Jérôme, né à Marseille en 1797 ; après avoir achevé de brillantes études à Marseille, il fit divers voyages en Italie ; fonda à Marseille le *Spectateur marseillais;* publia, en 1824 : un *Résumé de l'histoire du Languedoc ;* en 1826, la *Biographie des quarante de l'Académie française*, la *Couronne poétique de M. de Villèle*, une *Vie du général Foy*, etc. V. *Statistique morale* d'Andraud (de l'Allier).

VIEILLE, Paul, de Paris, externe (1871-73) ; premier prix de physique et chimie en mathématiques élémentaires, 1872 ; illustre chimiste : inventeur de la poudre sans fumée.

VIGOUREUX, Charles, de Marseille, interne (1850-52) ; prix d'honneur de philosophie, dissertation en français (1852).

VIGUIER, Fortuné, artiste peintre de paysage (plusieurs prix et médailles) ; tableau remarquable au musée de Longchamp *(Chênes à Gréoulx)* ; connu par le tableau **Les Bords de Jarret**, propriété du cercle des Phocéens ; professeur de dessin et de peinture, un de nos rares connaisseurs bibliophiles ; décoré de l'ordre du Nicham-Iftichar.

VLASTO-RALLI, Théodore, de Salonique, externe (1854-57); nombreuses nominations : prix d'honneur en logique.

ZAFIROPULO, Démétrius, de Marseille, fit d'excellentes études comme externe au lycée (1878-1882), puis à l'école supérieure de commerce ; négociant-armateur (1898).

ZAFIROPULO, Nicolas, de Marseille, externe (1878-83), nombreuses nominations ; — id., ZAFIROPULO, Eugène ; — id., ZAFIROPULO, Polybe : tous brillants élèves, généreux enfants de la noble colonie hellénique de Marseille.

Leur vénéré oncle mérite une mention spéciale.

ZAFIROPULO, Etienne, né à Constantinople en 1815, mort à Marseille le 24 décembre 1894 à l'âge de 79 ans. Richissime négociant-armateur, philanthrope fort connu, créateur et bienfaiteur de nombreux établissements de bienfaisance : il distribuait chaque année cent mille francs en étrennes du jour de l'an ; il a fait à notre lycée un royal don de 40.000 fr. ! Lors de l' « année terrible », cet homme de bien se montra par sa libéralité à la hauteur des circonstances et s'offrit spontanément à prêter trois millions au gouvernement. — Grand-cordon de l'ordre du Medjidié, grand officier de l'ordre du Sauveur de Grèce, commandeur de la Légion d'honneur (1887), etc. — Très populaire, il fut universellement regretté : on lui fit de splendides funérailles ; ses cendres reposent dans un mausolée magnifique et de bon goût, au cimetière Saint-Pierre.

ZÉVORT, Edgard, né à Rennes le 15 juin 1842, interne (1856-60) ; normalien (prom. de 1861) ; professeur agrégé d'histoire au lycée Henri IV, 1873 ; docteur ès lettres, 1880 ; inspecteur de l'Académie de Paris, recteur de l'Université de Caen. Il a publié, outre sa thèse :

*Histoire de Louis-Philippe* (1879) ; *Montesquieu* (Lecène et Oudin, 1887); *Etude sur Thiers* (collection des classiques populaires); *La Suisse à l'Exposition de 1878 ; Histoire de notre patrie* (1884); *Histoire de la troisième République* (Paris, Alcan, 1897) ; etc., etc. Il a appartenu pendant un certain temps à la rédaction du *Journal des Débats*. C'est le fils du savant helléniste Charles Zévort, ancien recteur, ancien directeur de l'enseignement secondaire, mort à Paris le 3 novembre 1887.

Parmi ces 212 noms d'anciens élèves, combien ont surnagé dans la mémoire de leurs contemporains (1) ! Après une telle revue, quoique incomplète, l'on reconnaîtra que notre lycée n'a point cessé, dans le cours de ce siècle, de produire des hommes remarquables, sinon des grands hommes, de sorte que l'on peut s'écrier avec le poète : *Uno avulso, non deficit alter !*

## LA COLONIE LYCÉO-MARSEILLAISE PARISIENNE

C'est un fait indéniable : de tout temps nos Méridionaux ont afflué à Paris; les Provençaux surtout se sentent attirés vers la ville de l'esprit, de l'intelligence, vers la « cité lumière ». Sans remonter au début du siècle, ni même à l'époque des Thiers, Mignet, S. Berthelot, J. Méry, Esménard, A. Achard, Daumier, Léon Gozlan, Guinot, Vidal, T. Delord, ne voit-on pas tous les jours d'anciens lycéens marseillais se coudoyer sur les boulevards de la capitale? Beaucoup s'y sont acclimatés, non sans avoir parfois la nostalgie de *la grande bleue* et du soleil de Provence; ils s'y sont fait un nom, y ont conquis de hautes situations dans le gouvernement, les arts, les lettres, la presse, la banque ou l'industrie, etc. Est-il besoin d'en rappeler certains qui font là-bas assez bonne figure? La liste en serait trop longue, forcément incomplète; qu'il nous soit permis de citer quelques noms, ce sont :

MM. AÏDÉ, Emile, ancien consul. — AUGIER (Raoul Gineste, en littérature), docteur et félibre. — BAILLE, professeur à l'Ecole de physique et de chimie, rue Oberkampf. — BERTULUS, Paul, juge

(1) V. Appendice, note 15.

d'instruction. — Bonvoux, Henri, secrétaire sténographe au Sénat. — Bosq, Paul, du *Figaro*. — Bret, Léonce, préfet de l'Orne. — Brunetière, Ferdinand, académicien. — Chevillon, Joseph, médecin et député. — Crémieux, Albert. — Delongchamps, ancien professeur au lycée Saint-Louis. — Doin, Jules, professeur de rhétorique au collège Rollin. — Etienne, Théodore, député. — Fouquier, Henry, rédacteur de la chronique théâtrale au *Figaro*. — Fournier, Armand, élève de l'école des Beaux-Arts. — Gal, Henri, professeur à l'Ecole polytechnique. — Haks, Charles, docteur en médecine, rédacteur à l'*Illustration*. — Isnardon, Jacques, de l'Opéra-Comique. — Lacour-Gayet, professeur de lycée et historien. — Laty, Jules, conseiller de préfecture de la Seine. — Lombard, Henry, sculpteur. — Marin, Auguste, du *Figaro*. — Meyan, Paul, du *Figaro*. — Monod, Augustin, professeur au lycée Montaigne. — Morges, Léonce, commandant du génie, attaché au Ministère. — Morin, licencié en droit. — Mossé, sous-préfet de Valenciennes. — Néton, Albéric, rédacteur au Ministère de l'Intérieur. — Pasquier, Pierre, de Marseille, brillant élève du lycée (1887-95), bachelier moderne, élève distingué à l'Ecole coloniale (1896-98). — Petit, Edouard, professeur à Janson de Sailly. — Peytral, Paul, vice-président du Sénat. — Philip, professeur au petit lycée Condorcet. — Regnault, Félix, docteur-médecin. — Reyer, Ernest, le célèbre compositeur. — Rostand, directeur du Comptoir d'escompte. — Docteur Rouvier, médecin en chef de la Marine (Cherbourg). — Roux, Jules-Charles, député, professeur à l'Ecole coloniale, etc. — Sarlin, Eugène, le gendre du général Grévy. — Vayssière, Georges, poète décadent. — Vieille, Paul, illustre chimiste. — Vuillemin, proviseur retraité. — Zévort, Edgar, inspecteur de l'Académie de Paris, etc.; — sans parler de ceux qui sont morts récemment : Paul Arène, Albert Chabrier, abbé Bargès, Jean Psichari, Louis Simonin, Gustave Eyriès, Eugène Forcade, etc.

Il convient de mentionner aussi le groupe parisien de *La Pomme d'amour*, affilié à la grande Association amicale de Marseille. Membres fondateurs :

MM. Grévin, Georges, président ; Bonnard-Favre, docteur en médecine ; Engelhardt, rédacteur principal au contentieux des Chemins de fer de l'Etat ; Leyret, Henry, homme de lettres ; Rachou, Louis, docteur en droit, avocat à la Cour d'appel ; — autres membres :

Boissier, docteur en médecine; Brulat, Paul, homme de lettres; Count, docteur en droit, directeur de l'usine Picon; Duran, rédacteur au Ministère des finances; Imbert, Ant., négociant commissionnaire; Guizol, Alexandre, lieutenant à la garde républicaine; Homsy, Gaston, journaliste; Jourdan, Michel; Mazade, Fernand, littérateur; Moret, comptable de l'usine Picon; Périé, avocat; Peyronel, capitaine d'artillerie; Plantier; de Roux, artiste peintre; Trouchon, Lucien, commis principal des douanes; Villeprand, docteur en médecine; etc.

Leur banquet du mois de novembre dernier réunissait plus de soixante anciens camarades.

## ANCIENS ÉLÈVES DU LYCÉE ENTRÉS DANS LE CLERGÉ

MM. l'abbé Bargès, J.-J.-Léandre, d'Auriol, élève (1822), puis professeur-adjoint d'arabe au lycée, chanoine, professeur d'hébreu à la Sorbonne, publia: *Temple de Baal à Marseille*, etc. Décédé le 1er avril 1896.

L'abbé Bayle, Marc-Antoine, né à Marseille en 1824, mort dans cette ville le 18 mars 1877; chanoine, aumônier du lycée (1854-66), professeur d'éloquence chrétienne à l'ex-Faculté de théologie d'Aix. Parmi ses nombreux travaux, les plus estimés sont: *Vie de saint Vincent Ferrier* (Marseille, 1856); *Vie de saint Philippe de Néri* (1859); *Vie de saint Sérénus*; une traduction du livre de Dœllinger: *Le Christianisme et l'Eglise à l'époque de sa fondation*; *Massillon*, étude historique et littéraire: une *Pastorale*, etc.

Le R. P. Bénet, Marius, de la Compagnie de Jésus.

L'abbé Bolo, Henri, de Saint-Etienne, élève (1872, en 4me, 1re), vicaire général à Laval (1897); auteur fécond: *Les Dernières Etapes de la Vie chrétienne; Le Lendemain de la vie; Les Mariages écrits au Ciel; Lettres choisies de Saint François de Sales; Les Décadents du Christianisme; Les Contemplations Eucharistiques; Les Jeunes Filles; Les Jeunes Gens* (1897), etc., etc. (Bienheureux Scudéry !...)

Le chanoine Brassevin, chanoine titulaire de la cathédrale de Marseille, directeur de l'Œuvre de Saint-Raphaël: auteur de l'*Histoire des prêtres du Bon-Pasteur*.

L'abbé Coudray, Adolphe, de Marseille, externe (1863-67), (pens. Provensal) ; curé de Saint-Adrien.

L'abbé Damiens, professeur au pensionnat du Sacré-Cœur.

L'abbé Faure, aumônier du pensionnat des dames de Saint-Charles.

L'abbé Frachon, professeur de 3ᵐᵉ au pensionnat du Sacré-Cœur.

Le R. P. Gibbal, J.-B.-Louis, de Marseille (pens. Bellon, 1863), bénédictin.

Le chanoine Gros, Henri, ancien professeur au petit séminaire du Sacré-Cœur, membre de l'Académie de Marseille ; auteur de *Famille et Collège, de leur rôle dans l'éducation* (1 volume, Paris, 1859) et d'un *Traité de physique.*

Le R. P. Gros, de la Compagnie de Jésus.

L'abbé Guiol, Louis, élève en 1834-35 ; 3 prix d'honneur, de rhétopique, de philosophie et de mathématiques spéciales ; ancien vicaire général de Marseille ; mort recteur de l'Université catholique de Lyon ; ouvrages : *La Divinité de Jésus-Christ,* conférences ; — décédé.

Le chanoine Guiol, Clément, son frère ; mort curé de Saint-Joseph ; a laissé de bons souvenirs dans la paroisse...

Mᵍʳ Mélizan, André, de Marseille, externe (1855-59), archevêque de Colombo ; — Le R. P. Mélizan, Vincent, de Marseille, externe surv. (1854-56), oblat à Notre-Dame des Lumières (Vaucluse) ; — Le R. P. Mélizan, Albert, de Marseille, externe (1857-63), dominicain ; — Le R. P. Mélizan, Léopold-Barthélemy-Emile, de Marseille, externe (1860-66), dominicain.

L'abbé Moisset, curé de Saint-Cassien, au vallon de l'Oriol.

Le chanoine Ollivier, Marie-Joseph, né le 13 novembre 1843 à Saint-Marcel, interne (1857-63), brillant élève, bachelier ès lettres en 1863 ; vicaire à Saint-Louis, à Saint-Vincent de Paul ; dix ans professeur d'humanités à l'école Belsunce ; aumônier du lycée, du 25 septembre 1884-90 ; trois ans professeur de rhétorique à l'école Saint-Ignace ; vicaire général de l'évêché de Marseille (1890-97) et chanoine honoraire de la cathédrale.

Le R. P. Paban, Henri (1863), dominicain ; — Le R. P. Paban, Edmond, de Marseille, externe (1862-65), dominicain.

Le chanoine De la Paquerie, Gaston, de Toulon, externe (1858-60), brillants succès : premiers prix d'histoire, de physique, chimie, cosmographie, discours français, etc., ne fit point sa philosophie au lycée ; ancien professeur de philosophie , supérieur de la Société des prêtres du Sacré-Cœur ; auteur de la *Vie de M. Audric*, d'études d'exégèse allemande.

Le R. P. PRADEL, Marc, de l'ordre de Saint-Dominique.

Le R. P. ROQUES, de la Compagnie de Saint-Sulpice, en 1897 supérieur du grand séminaire d'Avignon.

Le R. P. TORNÉSY, dominicain.

VILLANOVA, Jules, de Marseille, externe (1864-70) ; trois nominations aux concours académiques de 1869 et 1870 ; moine dominicain.

Que l'on ne vienne pas nous dire ensuite que l'Université fait des athées ! Nous répondrons par l'abbé Cambier et Mgr Perraud, l'éminent évêque d'Autun, et par cette pieuse phalange de lycéens marseillais qui, dès les bancs du lycée, ont désiré avec ardeur d'embrasser la carrière ecclésiastique et se consacrer à Dieu : sans doute, « ils ont choisi la meilleure part, et elle ne leur sera point ôtée. »

## ASSOCIATION AMICALE DES ANCIENS ÉLÈVES DU LYCÉE

> L'amitié n'est autre chose qu'un parfait accord sur toutes les choses divines et humaines, joint à un sentiment mutuel de bienveillance et d'affection; et je ne sais si, la sagesse exceptée, l'homme a rien reçu de meilleur de Dieu.
>
> CICÉRON, *Dialogue sur l'amitié.*

Il ne nous reste plus, pour achever l'histoire de notre lycée, qu'à parler de l'Association amicale, dont les membres ont atteint (août 1897) le chiffre de 600.

« Tant que nous sommes à l'école, écrivait en 1868 le fondateur et président de l'Association des anciens élèves de l'un des lycées de Paris, et, jusqu'au jour où nous en sortons, nous sommes tous égaux ; mais, le lendemain, nous ne le sommes plus, et nos positions, nos fortunes, nos influences, représentent alors des chiffres fort divers. Eh bien, diminuer ces inégalités par l'association, unir les jeunes aux vieux, faire un échange perpétuel de conseils, de bons offices, de secours, nous prêter appui dans nos carrières respectives, telles sont les fins que poursuit la camaraderie. N'y gagnons-nous pas tous, petits et grands ? Cette camaraderie-là n'est-elle pas la plus utile de toutes les manifestations de la fraternité ? »

Ce vœu avait été accompli deux ans auparavant à Marseille par des hommes d'intelligence et de cœur. Le 10 octobre 1866, un premier groupe d'anciens élèves, réunis dans la grande salle de l'Union des Arts, sous l'impulsion de MM. Barthelet, d'Hurlaborde, Puigbo, etc., fonda l'Association. Le 23 novembre, le commissaire central autorisait l'association naissante à se réunir, et le 27 janvier 1867, le préfet en autorisait la formation, par un arrêté transmis le 6 février à notre premier président.

Cette première période eut un moment brillant, mais de courte durée. L'idée fut reprise en 1894 par un nouveau groupe, sous l'initiative de MM. Pally, Jubiot, Caillol de Poncy, Bénac, Massot, Maurin, etc., qui, opérant leur fusion avec le premier groupe, se virent bientôt au nombre de 120 membres. L'ancienne Association, ainsi jointe à la nouvelle, forme, en 1897, une société unique, très prospère, qui, le 2 juillet 1897, ne comptait pas moins de 550 adhérents. Son siège, d'abord rue de la République, puis successivement rue Mazagran, 6, rue de la Darse, rue de Rome, est actuellement au boulevard Dugommier, 3, dans un vaste local récemment restauré.

Chaque année l'Association s'intéresse aux succès des élèves du lycée par la création de deux prix (autorisation ministérielle du 10 juin 1867); en outre, elle aide autant que possible sous la forme de bourses les fils des camarades lycéens. Les présidents qui se sont succédé depuis la fondation sont : MM. d'Hurlaborde père, docteur en médecine; Jules-Charles Roux, avocat; Adrien Sicard, docteur en médecine; Octavien Caillol de Poncy, président actuel (juillet 1897).

L'Association, qui se réunit tous les mois, publie un bulletin annuel des plus instructifs. Les assemblées générales ont lieu vers novembre.

L'Association amicale a puissamment contribué à la cérémonie funèbre des morts de Tombouctou, le 22 octobre 1896, dont le *Petit Marseillais* rendit un compte détaillé. Parmi ces glorieux morts elle comptait trois anciens élèves du lycée : le lieutenant-colonel Bonnier de La Chapelle, Eugène, les lieutenants Jean Livrelli et Garnier.

De magnifiques funérailles furent faites au colonel Bonnier et à ses compagnons d'armes, tués à Dongoï (ou Tacoubao), près de Tombouctou, le 15 janvier 1894.

Le jeudi matin 22 octobre 1896, à 3 heures et demie, la cérémonie commença par une grand'messe en musique, dans laquelle officiait M. le grand-vicaire Ollivier, ancien élève du lycée; l'évêque, Mgr

Robert, qui présidait la cérémonie religieuse, prononça une allocution avant de donner l'absoute. Une centaine de couronnes avaient été déposées sur les chars, parmi lesquelles celle des anciens élèves du lycée. Au cortège de la cérémonie civile figuraient : l'Association des anciens élèves, escortée d'un groupe de 30 élèves du lycée en tenue, les membres du *Souvenir français*, le clergé, les généraux Canonge, Borgnis-Desbordes, Archinard, Zurlinden, le préfet, le maire et les autorités civiles et militaires. Pendant tout le temps que dura la grandiose et patriotique cérémonie, les établisements de la ville et les navires dans le port avaient leurs drapeaux en berne. Toute la population de la cité participa à cette imposante manifestation de regrets envers les officiers et les sous-officiers morts pour la patrie. Parmi les douze discours prononcés au cimetière Saint-Pierre, rappelons ceux des généraux Canonge et Borgnis-Desbordes, qui fit l'éloge du colonel Bonnier, de M. Guigon, proviseur du lycée, de M. Caillol de Poncy, qui prit la parole au nom du comité des morts de Tombouctou et prononça le discours suivant :

Messieurs,

Le gouvernement ne peut pas, pour des raisons que nous apprécions, nous faire revenir en France les cendres des soldats qui tombent sur les champs de bataille. Il appartenait à des condisciples et à des amis de mettre à exécution une idée émise par un membre du Parlement. L'association amicale des anciens élèves du lycée a tenté cette mission : elle a réussi grâce à l'appui de la France entière.

Nous venons aujourd'hui déposer dans le sol natal les cendres de ceux qui, les premiers, ont fait flotter nos trois couleurs sur la future capitale du monde africain. Nous les avons voulus à nos côtés pour que leur souvenir ne s'éteigne jamais et que leur présence nous rappelle chaque jour que nous devons garder et élargir la conquête qu'ils ont scellée de leur sang. Grâce à la générosité de la ville de Marseille, toujours la première quand il faut honorer ceux qui se sont dévoués pour la patrie, nous pourrons bientôt écrire sur ce monument où les plus humbles apportent leur obole : « *La France et les lycéens Marseillais aux conquérants de Tombouctou.* »

Ces héros ont été inhumés dans un terrain concédé gratuitement par la Ville, situé au carré 15, au centre d'une rotonde assez vaste. Un caveau seul existe ; mais, dans un avenir prochain, il sera dominé par un monument digne de la gloire de ces vaillants soldats. Le produit total de la souscription pour ce monument s'élève aujourd'hui (juillet 1897) à plus de 16.000 fr.

Le 1er mai, un jury, composé de MM, Aldebert, Allar, Buyron, Muller et Paugoy, sculpteurs et architectes en renom à Marseille, s'est réuni au siège du comité de Tombouctou, pour examiner les divers projets envoyés par les concurrents artistes de profession et tous anciens élèves du lycée. Après un examen très attentif et l'élimination de certains projets très étudiés ou remarquables, mais ne remplissant pas toutes les parties du programme, le premier rang a été accordé à la maquette portant l'épigraphe *Alix* et due à M. Auguste Lombard, un de nos concitoyens. Le jury a donc chargé M. Lombard, Auguste, architecte (né à Marseille en 1856, élève interne du lycée, 1866-74), de glorifier les héros de Tombouctou et de perpétuer leur mémoire.

Le monument funèbre, qui sera élevé par souscription publique, avec l'aide et le concours du *Souvenir français*, sera construit au milieu de la rotonde du carré 15, au cimetière Saint Pierre. Sans entrer dans les détails de ce monument, nous dirons qu'il est à quatre faces, en pierre, et que, sur le côté principal, la statue de l'Histoire, d'un très bel aspect, inscrit l'hommage rendu « *aux Conquérants de Tombouctou* ». La partie sculpturale est confiée à M. Adolphe Royan, élève de l'École des beaux-arts de Marseille.

L'Association amicale a donné, le mercredi 2 juin 1897, son onzième banquet, qui réunissait, au Grand-Hôtel, rue de Noailles, 85 convives. Le quatorzième banquet de l'Association amicale a eu lieu le mercredi 20 octobre, à 8 heures du soir, au Grand-Hôtel de Marseille.

***Association amicale des anciens élèves du lycée,*** 3, boulevard Dugommier. — Cette Association, fondée depuis 1866, a pour but de resserrer les liens de camaraderie existant entre anciens condisciples, heureux de se retrouver plus tard dans la vie et de fraterniser au contact des vieux souvenirs de leur temps de collège.

Deux prix d'honneur, fondés par l'Association sont décernés, chaque année, aux élèves les plus méritants de l'enseignement secondaire moderne et de la quatrième classique.

Tout ancien élève du lycée de Marseille, comptant au moins deux années d'études dans cet établissement, pourra faire partie de l'Association. La cotisation annuelle est de *six francs;* aucun droit d'entrée n'est réclamé. On peut devenir souscripteur perpétuel en payant une somme de cent francs. — Le local est ouvert tous les jours.

*Le Monôme.*— Depuis plusieurs année, un grand nombre d'élèves du lycée ont pris l'habitude de parcourir en un monôme traditionnel les principales artères de la ville, la veille des congés de Noël et du jour de l'an, de Pâques, et le soir même de la grande distribution des prix. Enfin, en février 1897, les étudiants en philosophie du lycée décidèrent de faire leur banquet annuel le samedi 20 février, à 8 heures et demie du soir, au restaurant des Gourmets. Ce sont là d'excellentes occasions de resserrer les liens d'une franche et précieuse camaraderie, avant de s'élancer dans diverses carrières.

*Le Lycéen.* — Le vendredi 1ᵉʳ mars 1889, parut le premier numéro de l'*Essai*, journal des élèves de l'enseignement spécial, autographié, bi- mensuel, publié quai du Canal, 20 ; il disparut rapidement. Trois ans après, un autre journal fut fondé et rédigé par les élèves. Le premier numéro du journal des élèves du lycée, le *Lycéen*, parut le 11 février 1892 avec Charles d'Hacks pour directeur-administrateur, Max Angel pour secrétaire, et des articles signés Philip, Armand Gasquy, etc.; administration, rue de la République, 54 ; imprimerie, Allées de Meilhan, 44. Contentons-nous de reproduire le sommaire du numéro 1 : *Notre programme ; Rêve ; Les étoiles qui passent ; Le travail ; Portraits sans noms ; Courrier des classes ; Les conscrits de 92 ; Faculté et Université ; Passe-temps hebdomadaire.* — Cette feuille, d'ailleurs fort intéressante, n'eut qu'une éphémère durée (de moins de trois mois).

# APPENDICE

**Note 1.** — Nous ne connaissons pas d'autres Histoires de collèges et de lycées que les suivantes : J. Quicherat, *Histoire de Sainte-Barbe*, 3 vol., Hachette. — J. Delfour, *Histoire du Lycée de Pau*, 1 vol., Pau, Garet, 1890, prix : 5 francs. — M. Xambeu, *Histoire du Collège de Saintes*. — M. Xambeu, *Histoire du Collège de Saint-Sever*, Dax, imprimerie J. Justère, 1884. — Drevon, *Histoire du Collège de Bayonne, Lycée depuis 1889*, Agen, V. Lenthéric, 1889.— E. Gaullieur, *Histoire du Collège de Guienne, à Bordeaux*. — H. Barthely, *L'Ancien Collège de Lescar*. — X., *L'Histoire du Lycée du Mans*. — Tranchau, *Histoire du Collège et du Lycée d'Orléans*, Orléans, 1893, 1 v. gr. in-8°, de près de 700 pages, plans, vues hors texte, prix : 10 fr. neuf ; et 7 fr. 50, libr. Emile Lechevalier, catal. n° 85, octobre 1897.

**Note 2.** — Dans le rapport préfectoral du 4 août 1820, p. 102-103, (arch. départ.), on voit que le monument érigé à la mémoire de l'évêque Belsunce était destiné à la chapelle du lycée : «... Vous savez qu'en 1818, MM. les Intendants de la Santé publique, prenant une honorable initiative (et elle leur appartenait à plus d'un titre), délibérèrent d'ériger un monument, en l'honneur de M. de Belsunce et autres personnes qui se dévouèrent en 1720, lorsque la peste ravagea Marseille et les villes environnantes, et ils affectèrent une somme de 40.000 francs pris dans les fonds dont ils ont l'administration, avec la condition que ce monument serait placé dans le local qui sert aujourd'hui de musée, lorsqu'il serait rendu au collège pour servir de chapelle. Ce vœu fut agréé, quoique le Conseil municipal et moi-même eussions préféré l'église de la Major..., etc. »

**Note 3.** — C'est à M. Grenier que l'on doit la plantation de platanes de la cour des moyens et de la cour des externes, et l'élargissement de la cour de l'école primaire. Des réfectoires nouveaux et mieux éclairés furent construits. Dans les études des petits et des moyens furent installées de larges tables ; les études dotées de la lumière vive du gaz en remplacement des lampes à huile ; des bibliothèques établies dans chaque étude ; une horloge fut placée dans la cour des classes.

M. Grenier, helléniste distingué, occupait les loisirs de sa retraite à la traduction d'un livre grec, travail des plus ardus : *La Vie du philosophe Proclos et la Géométrie philosophique.* Cet ouvrage, auquel il n'a pu mettre la dernière main, n'a pas été imprimé, car, à la suite d'un accident de tramway, il s'alita et mourut à Paris, le 23 décembre 1881. (Communiqué par son fils, M. Louis Grenier, docteur en médecine à Marseille.)

**Note 4.** — Au nombre des célèbres oratoriens, il convient d'ajouter l'abbé Papon, Jean-Pierre, qui habitait Paris en 1789. Né à Puget-Théniers, en 1731, auteur de l'*Histoire générale de Provence* (Paris, 4 vol. in-4°, 1777-1786), du *Voyage littéraire de Provence* (Paris, 2 vol. in-12, Moutard, 1787), et de plusieurs autres ouvrages littéraires ou historiques ; il avait, depuis quelque temps, quitté l'Oratoire. Il était membre de l'Académie de Marseille. — Béraud Jean-Jacques, de l'Oratoire, professeur de physique expérimentale au collège municipal, associé « régnicole » de l'Académie de Marseille.

**Note 5.** — Mathématiques spéciales : Nous n'avons pu, au sujet de la création de cette chaire en 1801, nous procurer la délibération du Conseil général ou du Conseil municipal. A propos d'une pareille création au collège des Bénédictins de Pau, après l'expulsion des Jésuites, en 1764, M. le chevalier de Béla écrivait : « Le collège actuel de Pau n'enseignant que les langues mortes, très inutiles à la partie de notre jeune noblesse destinée aux armes, qu'elle ne portera jamais contre les Grecs ni les Latins, il serait très important, pour elle, d'ériger une chaire de mathématiques (spéciales) et de langue anglaise. La médiocrité de la légitime de nos cadets de famille ne se refusant que trop souvent aux dépenses nécessaires pour le soutien dans le service de terre, elle semble leur indiquer de préférence celui de la marine. Alors, instruits d'une science qui donne à l'esprit autant d'étendue que de justesse, en même temps de la langue des ennemis éternels de la France, l'on peut concevoir facilement tous les avantages avec lesquels notre jeune noblesse débutera dans les départements de la marine pour y obtenir un avancement rapide... (1) » On voit, par ce programme d'études, qu'à l'époque où le chevalier de Béla écrivait, on proclamait déjà la nécessité d'une réorganisation de l'instruction publique, dans le sens de l'enseignement moderne.

**Note 6.** — Le Conseil général du département, de 1817 à 1823, exprima à plusieurs reprises des vœux (2) relatifs à l'établissement d'un corps en-

(1) J. Delfour, *Hist.*, *loc. cit.*
(2) Archives départementales, 3ᵐᵉ registre.

seignant religieux pour l'instruction publique; demandant (1817) le rétablissement des Frères des écoles chrétiennes; réclamant, durant quatre
sessions successives (1818-1822), une loi sur l'éducation publique et en
faveur de corps ecclésiastiques enseignants ; puis, la suppression des
droits universitaires (1822, registre, p., 344), et la nomination entière aux
bourses, votées par les Conseils municipaux (1832). Les considérants de ces
vœux sont instructifs et démontrent surabondamment la haine persistante
des gens alors parvenus au pouvoir et la persécution dont l'Université
était l'objet. Contentons-nous d'en donner des extraits, afin de signaler la
note alors dominante :

« Séance du 29 juin 1818. — Art. unique: enseignement public. — Dans
le temps où les lycées étaient plutôt des écoles militaires que des établissements d'instruction publique, dans le temps où les principes de la religion n'étaient pas peut-être la base principale de l'enseignement qu'on y
professait, le Gouvernement, voyant que les parents n'y plaçaient pas
volontiers leurs enfants, eut *recours à établir* dans les lycées un grand
nombre de bourses... Ces établissements étaient même si peu accrédités
dans certaines provinces, qu'on força les grandes villes du *Royaume* à
entretenir des bourses, non seulement dans les lycées, mais encore dans
*ceux placés* dans des départements autres que le leur : c'est ainsi que Mas-
seille est obligée de *doter des places* dans le lycée de cette ville et dans
ceux de Grenoble et d'Avignon... S'il est donc vrai que c'est dans la seule
vue de soutenir les lycées, qu'on a établi cette multitude de bourses gratuites qui existent encore, et s'il est vrai qu'ils n'auraient pu exister sans
cet auxiliaire, il serait étonnant que ces bourses n'eussent pas été abolies
depuis que, par des changements heureux dans le système de l'instruction,
les collèges royaux doivent se soutenir par eux-mêmes... Il faut réserver
les bourses, surtout pour entretenir dans les séminaires des jeunes gens
qui ont de l'aptitude pour l'état auquel ils se destinent. . Il faudrait, en
effet, pour être juste, élever aux frais du public tous les enfants, comme
on le faisait à Sparte, ou abolir entièrement les places gratuites... Sous un
gouvernement équitable, une pareille injustice ne peut subsister plus
longtemps; l'éducation étant une nourriture nécessaire à tous, si elle ne
peut pas être donnée gratuitement à tous, on ne peut pas obliger celui qui
en a besoin pour lui-même à distribuer ce pain moral à autrui... Le Conseil demande que les bourses soient gagnées au concours ;... qu'un tiers
de ces bourses soit prélevé pour en établir dans les séminaires.:. Il émet
aussi le vœu que l'éducation de la jeunesse soit confiée à un corps enseignant religieux... »

« Séance du 17 août 1820. — chap. 2, titre 1er, art 1er, p. 205. — Le Conseil général, considérant que la religion doit être la base de l'éducation
publique, qu'elle est un frein aux passions des hommes, qui se livreraient
sans lui à toute sorte d'excès, tels que ceux dont nous avons un doulou-
reux souvenir; supplie Sa Majesté de présenter, dans la plus prochaine

session des Chambres, une loi sur l'éducation publique, de confier celle
du peuple aux Frères des Ecoles chrétiennes, et celle des *classes* plus
relevées à des corps ecclésiastiques enseignants. »

« Séance du 11 sept. 1822. — Titre 4, art. 4, p. 353 : Suppression des
droits universitaires. — Dans les temps antérieurs à la Révolution, l'éducation était gratuite dans tous les collèges de France ; il aurait été à
désirer qu'au moment où l'on rétablit l'Université, un pareil système eût
été établi ; on dégrada une aussi belle institution en y introduisant un
régime fiscal... Il est digne du gouvernement réparateur des Bourbons de
rendre à l'instruction publique toute sa dignité, par la suppression des
droits universitaires. »

**Note 7.** — « L'Université fut, de nouveau, en 1850, le bouc émissaire
de la réaction. Qui ne se rappelle la fameuse loi dite *de la liberté
d'enseignement*, et la création non moins fameuse des recteurs départe-
mentaux ? On accusait les professeurs d'athéisme, de panthéisme, de
rationalisme, de scepticisme, de révolutionnarisme : on mit donc bon
ordre à leurs infâmes déportements. Le corps universitaire fut dissous. »
(Al. Pierron, dans *Le Mémorial de l'Association des anciens élèves de
l'Ecole normale*, p. 431). — *Idem* : « Les *petits recteurs* (c'est ainsi qu'on les
nommait dans l'Assemblée même) eurent de pleins pouvoirs pour rendre
bien sages ceux que n'avaient point frappés les destitutions, les mises à la
retraite, etc...... »

**Note 8.** — *Le proviseur V. Joguet.* — « La mort ne l'a pas surpris ;
il y pensait souvent, il aimait à s'entretenir avec ses amis des hautes
questions qui s'y rattachent et du problème de la destinée humaine.

« Aussi est-il mort en sage, avec une calme résignation, quoique se
sachant bien mourir, avec une grande espérance, avec une sorte de
recueillement philosophique et religieux, serrant la main à ses amis et
dans les bras d'une femme et d'une fille qu'il aimait tant et étaient si
dignes d'être aimées.

« Par l'affluence vraiment extraordinaire qui se pressait à ses funérailles, par la présence de tous ses chefs de l'Université, par le concours
de tous ses collaborateurs, anciens et nouveaux, dont il savait si bien
apprécier et faire valoir les services, par l'attitude si triste et si recueillie
de tous les élèves, petits et grands du lycée Saint-Louis, en tête desquels
marchaient leurs anciens, élèves de l'Ecole polytechnique ou de l'Ecole
normale, on a pu voir combien notre cher camarade était estimé, regretté
et aimé de tous.

(Bouillier, dans *Le Mémorial de l'Association des anciens élèves de
l'Ecole normale*, p. 422.)

**Note 9.** — Anciens professeurs de l'Ecole primaire : Bolez, mort en exercice (1869). — Gariel, retraité (officier de l'Instruction publique). — Guien, mort directeur d'école à Marseille. — Jules Méric, docteur en médecine (H⁰⁰-Gar⁰⁰); — Tchène, mort professeur de mathématiques à Sisteron. — Chaix, actuellement professeur au lycée de Nantes. — Bonnet, courtier maritime à Marseille.— Vigneau, mort en congé. — Dumont, (officier d'académie), retraité comme professeur au lycée de Lyon. — Boyer (officier de l'Instruction publique), inspecteur primaire à Orange. — Taillefer (officier de l'Instruction publique), inspecteur primaire à Arles. — Dumortier (1871), vérificateur des poids et mesures à Aix. — Barnier, instituteur en Algérie. — Médan, inspecteur primaire à Saint-Pons (Hérault). — Goiran, mort directeur d'école à Marseille. — Mᵐᵉ Gouillon (1891), décédée en exercice.

**Note 10.** — Visites de Leverrier. — Ces visites répétées de l'illustre astronome Leverrier s'expliquent par la pureté du ciel de Marseille, si propice aux observations astronomiques.

« Leverrier avait choisi Marseille pour y installer, en 1862, le superbe télescope de 0ᵐ 80ᶜᵉⁿᵗ de diamètre qu'avait construit Foucault. » (Ch. Vincens, *Les Sciences, les Lettres à Marseille en 1789*, Marseille, 1897.)

**Note 11.** — Gerbe, Ferdinand-Philippe, né le 20 juillet 1845, fit ses études au lycée Louis le Grand, puis à Versailles, normalien (1865), professeur aux lycées de Saint-Quentin, Chambéry, Toulon, où il se maria en 1876.

« Gerbe possédait au plus haut point les qualités du professeur, notamment celle qui les contient toutes, l'amour du métier. Il ne tarda pas à être remarqué, et, en 1878, il fut nommé au lycée de Marseille; puis, en 1880, à un lycée de Paris. Mais il n'accepta pas ce dernier avancement : il aimait trop sa belle Provence. Après les vacances de Pâques de 1883, il fut brusquement saisi par une maladie nerveuse. Il se retira à Bras, chez ses parents, pour prendre quelque repos à la campagne; puis revint bientôt à Marseille, mieux portant en apparence. Mais le dénouement fut si prompt, que plusieurs de ses amis apprirent sa mort avant de savoir qu'il s'était alité.

« Gerbe était aimé et estimé de tous ses collègues; il avait de nombreux amis hors de l'Université. Un immense cortège l'accompagna à sa dernière demeure. Un de ses amis, M. Amigues, rappela, en quelques paroles, les mérites de cet homme si jeune, sitôt enlevé à l'affection de sa famille et de ses collègues. Puis, M. Vessiot, inspecteur de l'académie, résuma, avec l'autorité qu'on lui connaît, les qualités du professeur.

« Pour nous conformer au désir de plusieurs professeurs de Marseille, reproduisons les quelques mots d'adieu prononcés par M. Amigues :

« Une voix plus autorisée que la mienne vous dira les mérites du professeur auquel nous rendons les derniers devoirs. Laissez-moi vous dire ce que fut l'ami :

« A l'Ecole normale, où il me fut donné de lier connaissance avec lui, la finesse et la sûreté de son esprit, la loyauté de son caractère lui valurent tout d'abord l'estime et la sympathie de ses camarades. Il ne fit que traverser Saint-Quentin et vint se fixer dans sa chère Provence, où son père est né et qu'il aima toujours d'un amour filial. Quand il vint à Toulon, il fut reçu en camarade, à bras ouverts.

C'est là surtout que je pus apprécier les qualités de Gerbe. Sévère pour lui-même, bienveillant pour les autres, il prodiguait son affection, n'avait de haine que pour le mal et, parmi les grands génies qui sont la gloire de l'humanité, il avait une prédilection pour les humains, Rabelais, Molière, Voltaire.

« Nous étions là cinq professeurs unis comme on l'est à cet âge. Trois sont morts, les plus jeunes, les plus dignes. Un jour, notre ami Gerbe reçut la visite de ses parents. Il fut heureux de nous présenter. Nous fûmes heureux de trouver chez son père le même talent, la même modestie, la même bienveillance que chez le fils. Le voilà condamné à lui survivre !

« C'est à Toulon que Gerbe trouva une compagne digne de lui. Il s'allia à une famille des plus honorables, qui compte dans ses rangs des militaires et des professeurs, le dévouement sous toutes ses formes. Dans un court voyage qu'il fit à Nice avec Mme Gerbe, je fus témoin de son bonheur. Je ne pouvais pas supposer qu'il serait si court. Vous savez ce que notre collègue fut à Marseille, et combien, dans des circonstances cruelles, son obligeance savait être ingénieuse.

« Et toi, cher camarade, sache-le bien, ta mort, aussi foudroyante que prématurée est pour nous tous un deuil cruel, et l'exemple de ta vie sans tache, si fortifiant qu'il soit pour nos cœurs, n'adoucira en rien l'amertume de nos regrets.

« Adieu, cher collègue. Adieu, cher ami. Adieu. » — X...

(Extrait du *Bulletin* de 1885 de l'Association des anciens élèves de l'Ecole normale.)

Il faut lire aussi dans ce même *Bulletin* les éloquentes notices : sur Maréchal, par M. F. Delacroix (1878); sur R. Dumas, par son ami M. Al. Vessiot (1883); sur Léon Lechevalier, par M. Lamiral (1883); sur E. Bibart, par M. J. Macé de Lépinay (1883, 14 janvier, p. 35); sur Ant. Lanzi, par M. Eugène Manuel (1884); sur Al. Jamet, par E. Delibes (1875), et sur A. Mermet, par E. Delibes (1877).

**Note 12.** — Répartition des élèves du lycée dans les différentes classes de l'enseignement classique et de l'enseignement spécial au 31 décembre 1865 :

| | | | |
|---|---|---|---:|
| Mathématiques spéciales, | nouveaux. | . . . | 8 |
| » | » | vétérans. . . . | 5 |
| Mathématiques élémentaires, 1ʳᵉ année | | . . . | 33 |
| » | » | 2ᵉ année . . . | » |
| Philosophie | » | nouveaux . . . | 12 |
| » | » | vétérans. . . . | » |
| Rhétorique | » | nouveaux.. . . | 38 |
| » | » | vétérans. . . . | » |
| 2ᵉ | » | . . . . . . . | 49 |
| 3ᵉ | » | . . . . . . . | 75 |
| 4ᵉ | » | . . . . . . . | 83 |
| 5ᵉ | » | . . . . . . . | 66 |
| 6ᵉ | » | . . . . . . . | 40 |
| 7ᵉ | » | . . . . . . . | 55 |
| 8ᵉ | » | . . . . . . . | 59 |
| Classe primaire ou 9ᵐᵉ. | | . . . . . . . | 112 |

Totaux. . . . . . 635

| | |
|---|---:|
| Classe préparatoire. . . . . . . . . . . | 84 |
| 1ʳᵉ année . . . . . . . . . . . . . . | 76 |
| 2ᵉ « . . . . . . . . . . . . | 57 |
| 3ᵃ » . . . . . . . . . . . . | 20 |
| 4ᵉ » . . . . . . . . . . . . . | 3 |

Totaux . . . . . . 240

Totaux généraux . . . . . . 875

Et en y ajoutant le Petit Collège . . . . . 967

Pour la liste complète du personnel des fonctionnaires du lycée, consulter le dernier palmarès de 1897.

**Note 13.** — Bureau d'administration : en 1808, président, M. Thibaudeau, conseiller d'Etat, préfet, l'un des commandants de la Légion d'honneur.

MM. le Maire; le Proviseur du lycée; le Président du Tribunal de première instance; le Président du Tribunal de commerce; le Président de la Chambre du commerce.

En 1897 : MM. Belin, recteur de l'académie d'Aix-Marseille, président; Floret, préfet des Bouches-du-Rhône; Causeret, inspecteur d'académie; Flaissières, maire de la ville de Marseille; Bérard, adjoint au maire; Fay, adjoint au maire; docteur Garnier, adjoint au maire; Reboul, doyen de la Faculté des sciences; Vassal, juge au Tribunal de commerce; Livon, directeur de l'École de médecine; Guigon, proviseur du lycée.

**Note 14.** — Discours de M. Félix Granet, ministre. Nous ne voulons retenir de son discours que ces nobles paroles :

« ... Dans cette maison, le dévouement de vos maîtres, l'affection de vos parents vous ont rendu tout commode. Emportez d'ici le sentiment que de plus grands devoirs et de plus grandes difficultés vous attendent au dehors. Pénétrez-vous, par-dessus tout, de cette pensée que vous avez contracté, dès vos premiers ans, une dette que votre vie entière n'acquittera pas. Il vous faudra rendre en dévouement à vos familles, en reconnaissance à l'État, les sacrifices qu'ils se sont imposés pour faire de vous des hommes probes et éclairés... »

**Note 15.** — Discours de M. Tamisier. — L'excellent professeur de cinquième, M. François Tamisier, qui avait déjà, en 1849, pris pour texte de son discours : « *Les Gloires de Marseille* », est revenu sur ce sujet le 10 août 1853, dans la seconde partie de son discours. La page que nous reproduisons ici, malgré deux erreurs (sur l'abbé Barthélemy, Louis Reybaud, Bertaud) viendra compléter notre chapitre *Livre d'or* :

« ... Maintenant, enfants de Marseille, recueillez vos souvenirs et remontez avec moi vers le passé de ce collège qui, lui aussi a ses gloires... En tête de cette phalange des lycéens marseillais, n'apercevez-vous pas d'abord un de nos plus célèbres contemporains, M. Thiers ? Au-dessous de ce vif et brillant esprit, Desmichels, historien érudit ; Gabriel, enlevé, jeune encore, aux plus hautes fonctions administratives ; Fortuné Albrand et Agoub, célèbres orientalistes, ravis à l'avenir par une mort prématurée ; Vaïsse, ancien ministre de l'intérieur et conseiller d'État ; dans les sciences : le physicien Binet de Sainte-Preuve ; de Villeneuve, ingénieur distingué des mines ; Schlœsing, chimiste habile et modeste ; et ce jeune Bijon, reçu le premier à l'école Polytechnique et que la mort vint frapper à l'entrée même de sa carrière ? Dans la magistrature, Chassan, jurisconsulte instruit ; Cyprien Roumieu, qui a écrit un plaidoyer chaleureux pour l'abolition de la peine de mort ; et Royer, actuellement procureur général à la plus haute cour de l'Empire ? Dans la littérature : Louis Reybaud, peintre piquant des mœurs parisiennes et des travers de notre époque ; Amédée Achard, Eugène Forcade, tous deux critiques spirituels, écrivains faciles, pleins de fantaisie et de grâce ? Nommerai-je les Combaz, les Borrely, les de Fougère, les Lepeytre, les Berteaud, les Aug. Morel, les Onfroi, les Gaduel, les Paul Morel, les Gazielle, les Peyrot ? J'en passe, et des meilleurs, qui servent maintenant leur pays dans l'armée, le professorat, l'administration, les arts, le barreau. Ce sont là des noms populaires à Marseille et dont plusieurs ont déjà reçu l'apostille de la gloire... »

Nous voudrions pouvoir transcrire, en entier cet excellent discours de notre regretté collègue, d'autant plus que cet opuscule (typogr. Barlatier-Feissat) est, aujourd'hui, presque introuvable.

**Note 16.** — 1862. — Discours de M. Ernest Delibes, professeur d'histoire, sur l'étude de l'histoire : enseignements généraux qu'on en peut tirer. — On nous permettra de citer deux passages saillants de ce discours où l'éloquent professeur s'élève à des considérations philosophiques de la plus haute portée...

« Laissez l'Asie et jetez les yeux sur l'autre rive de l'Archipel ; là, dans une étroite contrée, plutôt stérile que féconde, se développa de bonne heure cette immortelle petite nation grecque. Sa vie fut un combat et le monde lui doit encore une reconnaissance qu'il n'acquittera jamais. Autour d'elle, la nature était rebelle, elle la dompta par de gigantesques efforts, et elle gagna à cette lutte contre la matière, la conscience de la liberté, de l'indépendance personnelle trop étouffée sous l'influence énervante de la nature orientale. Fille de l'Asie, la Grèce réagit contre la mère patrie ; répudiant de son héritage tout ce qui eût pu enchaîner ses progrès, elle refoula le débordement de ses hordes sur l'Europe et sauva avec sa nationalité l'avenir de l'Occident. Elle fit plus : elle cultiva toutes les facultés de l'esprit humain et produisit dans tous les genres des œuvres devenues par leur perfection l'éternelle admiration de la postérité. Enfin, sous la conduite d'un héros, elle alla à son tour raviver cet Orient abâtardi et lui inoculer, en partie du moins, pour mille ans sa civilisation...

« Vous le voyez, jeunes gens, parmi les peuples ceux-là seuls ont vraiment vécu qui ont agi, les autres n'ont fait que passer...

« Le bien se fait lentement, mais il arrive toujours ; le sillon, une fois ouvert, livre plus tard sa bienfaisante moisson. Mais à chaque génération son labeur ! La nôtre a eu ses grandeurs et ses défaites, ses espérances et ses mécomptes, qui pourrait le nier ? La liberté a eu ses orages, la gloire ses retours ; mais qu'importe si, dans les travaux de la paix comme dans ceux de la guerre, dans les œuvres de la charité non moins admirables que celles de la bravoure, toujours et partout la France est restée et reste encore aujourd'hui vivante et agissante ; si en face des autres nations on peut toujours dire d'elle : « Elle marche, les autres la suivent. » Saluons donc avec orgueil tout ce qui se fait de beau et de grand sous nos yeux ; mais sans croire pour cela que l'heure du repos ait jamais sonné ! Prétendre s'asseoir immobile dans le présent et jouir tout à l'aise des biens acquis, ce serait de l'égoïsme envers ceux qui nous suivront. Nos pères n'ont bien mérité de nous que parce qu'ils nous ont, à force de sueur et de sang, préparé les faveurs du présent. Et nous, à notre tour, nous ne mériterons la reconnaissance de nos fils que si nous avons su leur améliorer l'avenir, et Dieu sait le chemin qu'il nous reste à parcourir ! Sans avoir la présomption insensée de vouloir d'un coup de baguette tirer du néant un monde à notre guise, sans nous laisser prendre à de vaines utopies, ayons foi au Progrès, c'est-à-dire au triomphe plus éloigné, mais absolument inévitable, de la raison sur d'aveugles passions, de la science sur l'ignorance, du droit sur la force. « L'humanité,

a dit Pascal, est un homme qui vit toujours et se perfectionne sans cesse. »
Et de fait, Messieurs, la vie humaine n'aurait pas de sens, elle ne serait
qu'une amère dérision de nos labeurs, si elle ne devait être acceptée et
comprise comme un drame providentiel se jouant sous l'œil de Dieu,
comme une lutte sans trêve du bien contre le mal, lutte dans laquelle le
mal recule sans cesse, mais en conservant toujours un assez vaste
domaine pour provoquer jusqu'à la dernière heure du monde l'effort de
l'homme ! ... Etc. »

1863-1866, pas de discours mentionnés.

**Note 17.** — La Société scientifique Flammarion, dans son assemblée
générale du 30 janvier 1892, a décidé, à l'unanimité des membres présents,
la fondation d'un prix de sciences physiques au lycée de Marseille. Ce
prix annuel, accordé à titre d'encouragement et de vulgarisation, est décerné
à l'élève de la classe de seconde de l'Enseignement moderne qui obtient
pendant toute l'année scolaire la supériorité en physique et en chimie.

M. le Ministre de l'Instruction publique, par décision en date du 15
février 1892, rendue sur la proposition de M. le Recteur de l'académie
d'Aix, a autorisé la création de ce prix. Le Comité a choisi, pour être
décerné au nom de la Société, l'*Astronomie populaire*, de Camille
Flammarion.

**Note 18.** — Extrait des *Souvenirs intimes*, de Sabin Berthelot (Paris,
E. Plon, 1883, p. 172). On ne se plaindra pas sans doute de trouver ici une
lettre de ce lycéen de la première heure, de cet homme aimable, aussi bon
patriote que savant estimé.

Lettre à M. Paul Armand, professeur d'histoire au lycée de Marseille,
1880.

« Cher Monsieur, vers la fin de l'année dernière, vous avez daigné rendre
compte de mon ouvrage sur la *Vitalité des mers*, que j'avais offert à la
Société de Géographie de Marseille, et j'apprends maintenant, par mon
ami Hippolyte Martin, qui est aussi le vôtre, que la même Société a de
nouveau recours à votre plume pour faire connaître dans son Bulletin ou
dans un journal de la localité mes *Antiquités canariennes*, dont je lui ai
fait hommage.

« Je considère comme une bonne fortune de voir ainsi mon livre soumis
à votre savante appréciation ; car votre titre de professeur d'histoire vous
rend compétent pour juger une question d'ethnographie qui a pris dans ces
derniers temps un grand intérêt historique. — Mais il est une autre
circonstance qui vient me réjouir le cœur, en me rappelant un de ces vieux
souvenirs qu'on n'oublie jamais : on a choisi pour le compte rendu de mon
livre un professeur du lycée où je fis mes premières études ! — Malgré
mes quatre-vingt-six ans, je n'ai jamais manqué, dans mes voyages en
France, d'aller faire une visite au lycée marseillais, et je regrette vivement

aujourd'hui que mon grand âge et l'état de ma santé me privent de revoir le collège hospitalier dont je fus un des élèves dès l'époque du Consulat de la République (il y a de cela soixante-dix-sept printemps) ! — C'eût été pour moi, Monsieur le professeur, une bien grande satisfaction de pouvoir aller vous serrer la main.

« Veuillez agréer l'expression de ma considération distinguée et de mes sentiments sympathiques.

« *Le Consul de France en retraite*, S. B. »

**Note 19.** — Imprimeurs du lycée. — En 1804, l'imprimeur était Mossy, à la Cannebière. — En 1807, le palmarès fut imprimé chez Seguin frères, imprimeurs-libraires, à Avignon. — En 1809, chez M⁰⁰ Mine et C⁰⁰, rue Coutellerie. — Le palmarès de 1824 n'est que manuscrit ; celui de 1825 sort de l'imprimerie d'Achard, rue Saint-Ferréol, 64. — En 1833, l'imprimerie Achard fut transférée place du Marché des Capucins, 4 ; elle y était encore en 1840. — En 1851, l'imprimeur du lycée était Senès, rue Cannebière, 15 ; en 1860, Senès est rue Paradis, 36 ; en 1867, rue Montgrand, 36. — En 1868, imprimeur Cayer, rue Saint-Ferréol, 57. — En 1880, imprimerie du lycée, A. Thomas et C⁰⁰, rue de la Paix, 11, qui est devenue en 1883 l'Imprimerie Commerciale ; en 1884, l'imprimerie L. Sauvion ; id. en 1897.

---

## BIBLIOGRAPHIE : *Ouvrages à consulter*

J. Quicherat, *Histoire de Sainte-Barbe*, 3 vol., plan. Paris, Hachette, 1860.

Aug. Fabre, *Les Rues de Marseille*, 4 vol., Marseille, Et. Camoin, 1868.

De Villeneuve, *Statistique du département des Bouches-du-Rhône*, 3 vol.

Paul Lallemand. *Histoire de l'éducation dans l'ancien Oratoire de France* (thèse de doctorat), 1 vol. in-8, E. Thorin, 1888.

J. Delfour, *Histoire du Lycée de Pau*, 1890, Pau, Garet.

Andraud (de l'Allier), *Statistique morale*, 1 vol.

*Revue des Deux-Mondes*, déc. 1881.

*Archives des lycées*, par M. Ch. Fierville, 1 fort vol., Paris, Firmin Didot, 1894.

*L'Ecole normale*, 1 gr. vol. br.

*Mémorial de l'Ecole normale*, 1 fort vol.

*Bulletins de l'Association des anciens élèves de l'Ecole normale*, Paris, 1846-1897.

Gaston de Flotte, *Essai sur la littérature à Marseille*, 1 vol. Paris, Oudin, 1836.

*La Grande Encyclopédie*, 21 vol. parus.

F. Fétis, *Biographie universelle des musiciens*, Paris, 1867, 1 vol.

Archives départementales.

Archives municipales.

Collection des palmarès du lycée.

Sabin Berthelot, *Souvenirs intimes*, Paris, E. Plon, 1883.

Ch. Vincens, *Les sciences, les lettres, les arts à Marseille en 1789* ; Marseille, Laffitte frères, 1897, 1 vol. broché.

# TABLE DES GRAVURES

|                                        | Pages |
| -------------------------------------- | ----- |
| L'Auteur                               | 3     |
| Plans                                  | 15    |
| Grand lycée (internes)                 | 17    |
| Petit lycée                            | 20    |
| Médaille et types d'uniformes          | 37    |
| Grand lycée (externes)                 | 66    |
| Administrateurs                        | 74    |
| Professeurs                            | 82    |
| Anciens élèves                         | 114   |
| Hommes politiques                      | 128   |
| Bienfaiteurs                           | 131   |
| Monument des héros de Tombouctou       | 142   |

# TABLE DES MATIÈRES

| | Pages |
|---|---|
| INTRODUCTION : Lettre de M. A. Gasquy........................ | 5 |
| AVANT-PROPOS............................................. | 9 |
| I.— LE LOCAL : Grand lycée, l'état actuel................... | 13 |
|     Historique : Métamorphoses, Constructions.............. | 14 |
|     Petit lycée de la Belle-de-Mai........................ | 18 |
| II.— L'ENSEIGNEMENT...................................... | 21 |
|     Les études à Marseille; les origines..................... | 21 |
|     Enseignement sous la Révolution....................... | 27 |
|     Le Lycée ou Académie de Marseille...................... | 32 |
|     Histoire du lycée comme établissement secondaire.......... | 35 |
|     Création du lycée.................................... | 35 |
|     La médaille de 1805................................. | 37 |
|     Pensionnats......................................... | 37 |
| III.— LES ÉTUDES : Plan des études ; Programmes............. | 39 |
|     Règlements (professeurs et élèves), Examens de passage, Bacheliers.......................................... | 39 |
|     Discipline : Réformes de 1880, État des esprits, Comparaison avec le passé........................................ | 41 |
|     Enseignement primaire annexe......................... | 43 |
|     Enseignement secondaire spécial....................... | 45 |
|     Enseignement supérieur............................... | 46 |
|     Professeurs du lycée aux cours de jeunes filles............ | 47 |
| IV.— LE PERSONNEL....................................... | 49 |
|     Le personnel enseignant............................... | 49 |
|     Administration, Archives, Proviseurs, Censeurs, Directeurs... | 55 |
|     Maîtres répétiteurs.................................. | 79 |
|     Anciens maîtres ou professeurs........................ | 81 |
|     Professeurs de Facultés, etc........................... | 82 |
|     Normaliens professeurs............................... | 83 |
|     Docteurs ès lettres et ès sciences; leurs thèses............ | 84 |

V.— LES ÉLÈVES.............................................. 87

Portrait de la population scolaire, cosmopolite surtout autrefois ; Distribution des prix.............................. 88

Liste des discours........................................ 94

Prix exceptionnels ou extraordinaires..................... 101

Prix Ralli............................................... 102

Concours général......................................... 103

Les tableaux du parloir.................................. 106

Derniers succès du lycée de Marseille.................... 108

LE LIVRE D'OR............................................ 109

La colonie lycéo-marseillaise parisienne................. 136

Anciens élèves du lycée entrés dans le clergé............ 138

Association amicale des anciens élèves du lycée.......... 140

APPENDICE : Notes........................................ 145

Bibliographie............................................ 155

Table des gravures....................................... 157

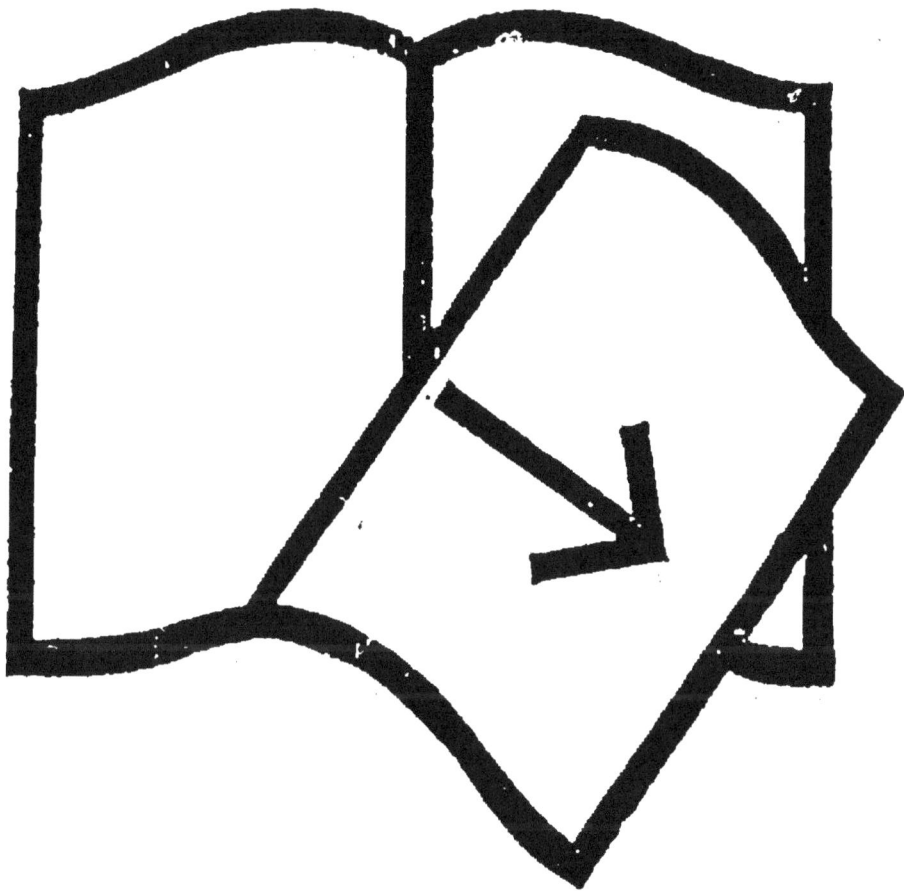

Documents manquants (pages, cahiers...)

NF Z 43-120-13